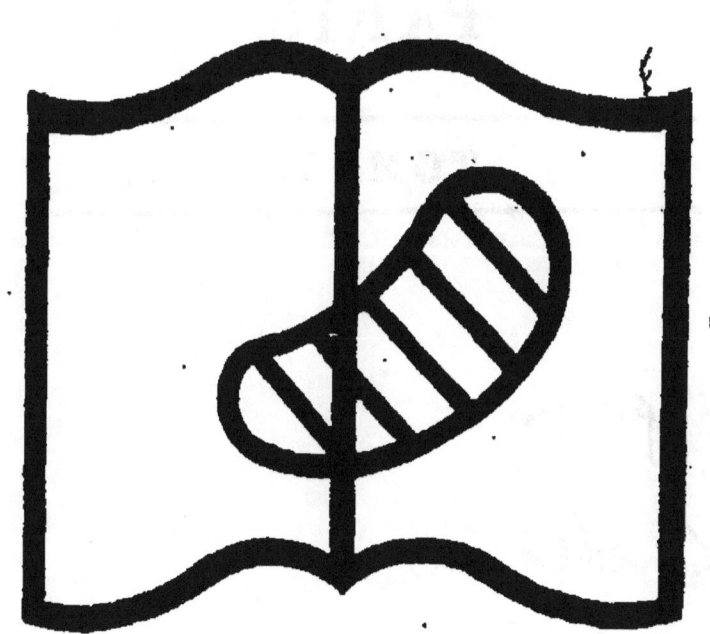

Original illisible

NF Z 43-120-10

"VALABLE POUR TOUT OU PARTIE
DU DOCUMENT REPRODUIT".

VOYAGE
DESCRIPTIF ET PHILOSOPHIQUE
DE
L'ANCIEN ET DU NOUVEAU PARIS.

TOME II.

DE L'IMPRIMERIE DE MAME FRÈRES, rue du Pot-de-Fer, n° 14.

Cet Ouvrage se trouve aussi

Chez ROSA, au cabinet littéraire, grand cour du Palais-Royal ;
    DESAUGES, libraire, rue Jacob.

VOYAGE

DESCRIPTIF ET PHILOSOPHIQUE

DE

L'ANCIEN ET DU NOUVEAU PARIS.

MIROIR FIDÈLE

Qui indique aux Étrangers et même aux Parisiens ce qu'ils doivent connaître et éviter dans cette Capitale;

CONTENANT des faits historiques et anecdotes curieuses sur les monumens et sur la variation des mœurs de ses habitans depuis vingt-cinq ans;

La Physionomie des maisons de jeux et des joueurs;

Les piéges que tendent les matrones, les prostituées, les filous et les voleurs, etc.;

SUIVI

De la description des environs de Paris;

D'un Dictionnaire des rues, places, quais de cette capitale, etc.

Orné du Plan de Paris et de 50 gravures.

Par L. P.

TOME SECOND.

A PARIS,

Chez l'Auteur, rue des Marais, F. S. Germain, n° 18.

1814.

TABLE DES MATIÈRES

CONTENUES

DANS LE TOME SECOND.

Nota. (On n'a fait mention des rues dans cette table que relativement à des monumens, ou à des anecdotes.)

A.

	Pag.
ABBAYE ROYALE de Saint-Antoine-des-Champs.	184
Académie royale de Musique, ou l'Opéra.	75
Administration du Trésor public.	164
Aides et Droits (bureau de la régie générale des).	69
Alfort (château).	308
Anecdotes relatives aux Champs-Elisées.	8
— relatives à l'hôtel de Bourbon.	15
— relatives à la place Louis XV.	20
— sur la place du Carrousel.	53
Anecdote relative à la colonne de la place Vendôme.	57
— relative au couvent des Jacobins.	65
— relative à l'église Saint-Roch.	66
— relative à la Butte Saint-Roch.	68
— relatives au jardin du Palais-Royal.	84
— relatives au passage du Perron du Palais-Royal.	162
— sur la rue Bétizy.	179
— relatives à la barrière du Trône.	182
— concernant le fort de la Bastille.	196
— concernant la rue	

Table des matières.

des Barres. 203
Anecdotes concernant le palais du Temple. 210
— et Faits historiques sur l'Hôtel-de-Ville. 226
— concernant le faubourg S.-Martin. 260
Anjou (rue d'). 16
Annonciades célestes, ou Filles Bleues (couvent des) 204
Arc de Triomphe. 10
Arcis (rue des). 235
Arbre-Sec (rue de l'). 175
Archives royales. 215
Arcueil (village). 308
Arquebuse (hôtel des Chevaliers de l'). 194
Arsenal (l'). 188
Assemblée constituante ou nationale. 66
Assomption (dames de l'). 55
Athénée de Paris. 78
Aubry-le-Boucher (rue). 236
Augustins (rue des Vieux). 279
Auteuil (village). 287
Aux Ours (rue). 237
Aventure arrivée à un abbé dans la rue S.-Germain-l'Auxerrois. 180
— arrivée à Réveillon. 185

B.

BAINS CHINOIS. 64
— Turques, ou du Temple. 212
Banque de France. 284
Barbette (rue). 214
Barres (rue des). Anecdote y relative. 203
Barrière Blanche. 61
— de Neuilly. 9
— de Passy, ou des Bons Hommes. 2
— du Trône. Anecdotes relatives à cette barrière. 182
— Saint-Denis. 240
— Saint-Louis. 269
Bastille (fort de la). Anecdote y relative. 196
Beaujon (hôpital). 11
Beaumarchais (maison et jardin de). 195
Belleville (village). 312
Bellevue (château). 289
Bénédictines appelées Dames du Calvaire. 206
— de l'Adoration du Saint-Sacrement. 206
— de la Ville-l'Evêque, ci-devant la Madeleine. 17
— réformées de la Madeleine de Trais-

Table des matières.

nelle, 190
Bercy (rue de). 193
Bétizy (rue de). Anecdotes sur cette rue. 179
Bicêtre (château de). 308
Bibliothèq. de la Ville. 200
— de l'Arsenal. 189
— Royale. 73
Billettes (rue des). 222
Blancs-Manteaux (égl. des). 220
Blancs-Manteaux (rue des). 220
Bon-Conseil (rue). 256
Bondi (rue de). 269
Bondi (village). 313
Bons Enfans (rue des), 169
Bons Hommes (couvent des). 3
Boulets (rue des). 194
Boulevard Bourdon. 198
— du Temple. 206
— Montmartre. 275
— Poissonière 273
— Saint-Antoine. 195
— Saint-Denis. 243
— Saint-Martin. 264
Boulogne (bourg). 287
Bouloy (rue du). 284
Bourdonnais (rue des). 259
Bourse (la). 80
— (Palais de la). 167
Boutin (jardin). 60
Bullion (hôtel). 285
Bureau des Nourrices. 236
Butte S.-Chaumont. 269

C.

Café d'Apollon. 208
— de la Régence. 78
— du Bosquet. 208
— Hardy. 72
— Manoury. 177
Calvaire (le). 292
Capucins (couvent des). 55-219
— de la Chaussée d'Antin. 60
Capucines (couvent des). 58
— (rue neuve des). 59
Carmes-Billettes (couvent des). 222
Carrousel (place du). Anecdote sur cette place. 53
Caserne des Gardes-Françaises. 13
— des Gardes-Franç. 194
— des Gardes-Franç. 274
— des Gardes-Suisses. 275
— du régiment des Gardes-Suisses. 73
Célestins (couv. des). 188
Cerisaye (rue de la). 189
Chaillot (église de). 4
Chaillot (village). 4
Ch.-Elysées. Anec-

Table des matières.

dotes y relatives. 7
Chantilly (bourg). 309
Charenton (rue de). 191
Charenton (bourg). 316
Charonne (rue de). 190
Charn. des Innocens. 250
Chartres (rue de). 11
Château d'eau. 77
Château d'eau (le) 208
Châtelet (le Grand). 272
— (place du Grand). 272
Chaume (rue du). 222
Chaussée d'Antin. 59
Choiseul (rue de). 69
Cirque des sieurs Astley père et fils. 206
Combat du Taureau. 269
Commerce (trib. du). 268
Compiègne (ville). 311
Communaut. des Filles Nouvelles - Catholiques. 69
Conservatoire de Musique. 274
— des Arts et Métiers. 266
Coq (rue du). 169
Courbevoye (village). 288
Cours-la-Reine. 5
Courtisanes, Solliciteuses et Filles entretenues. 114
Couvent d'Hospitalières de la règle de Saint-Augustin. 194
Culture Sainte-Catherine (rue). 204

D.

DAMES (les) de la Halle. 248
— (les) de la Trinité, dites Mathurines. 193
— de Sainte-Elisabeth (monastère royal des). 212
— Hospitalières, dites de S.-Thomas (communauté de). 203
Dépôt du régiment des Gardes-Françaises. 63
Douanes (administration des). 277
— ancienne administration de la). 285
Droits-Réunis (administration générale des). 218

E.

EAUX MINÉRALES FACTICES. 61
Écouen (château d'). 306
Écrivains (rue des). 235
Écuries de Buonaparte. 77
— de Chartres. 77
— (anciennes) du comte d'Artois. 12

Table des matières.

Écuries du Roi (bâti-
 mens des petites). 242
Elbeuf (hôtel d'). 53
Enfans-Rouges (hôpi-
 tal des). 219
Enfans-Rouges (rue
 des). 219
Etuves (rue des Vieil.). 258
Erménonville (châ-
 teau). 310
Evénemens arrivés dans
 le palais et le jardin
 des Tuileries. 13
Exaltation de la Croix. 69

F.

Faubourg du Roule. 10
— du Temple (rue du). 206
— Montmartre (rue
 du). 276
— Poissonnière (rue
 du). 273
— Saint-Antoine. 183
— Saint-Denis. 240
— Saint-Honoré (rue
 du). 13
— Saint-Martin. Anec-
 dote y relative. 260
Feydeau (passage). 167
Femm. complaisantes. 116
Ferronnerie (rue de la). 258
Feuillans (couv. des). 56
Filles Anglaises (cou-
 vent des). 192
— de la Charité (mai-
 son des). 242
— de la communauté
 de Sainte-Agnès. 286
— de la Petite Union
 chrétienne (commu-
 nauté des). 275
— de l'Ave-Maria
 (couvent des). 204
Filles de Notre-Dame
 des Vertus. 191
— de Sainte-Marie
 (communauté des). 194
— Dieu (église des). 245
— Pénitentes (commu-
 nauté des) et volon-
 taires du Sauveur. 219
— publiques. 122
— Ursulines (couvent
 des) de Ste.-Avoye. 217
Filous et voleurs (piè-
 ges des). 124
Fontaine (nouvelle rue
 de la). 65
— des Audriettes. 213
— de la Croix du Tra-
 hoir. 175
— de l'Eléphant. 198
— de Montmorency. 277
— des Innocens. 249
— du Châtelet. 272
— Saint-Martin. 265
— Sainte-Catherine. 200
Fontainebleau (ville). 310
Franconi (amphithéâtre
 de). 59

* A.

Francs-Bourgeois (rue des). 215
Frères-Tailleurs (communauté de). 259
Fresnes (château de). 310

G.

Garde-Meuble de la couronne (hôtel du). 20
Geoffroi - Langevin (rue). 237
Grand'Pinte (la). 193
Grange aux Merciers. 193
Grange-Batelière (rue neuve). 72
Grenelle (rue de). 169
Greniers des Réserves (bâtimens des). 198

H.

Halle au Bled et a la Farine. 252
— aux Cuirs. 256
— aux Dr. et à la toile. 251
Helvétius (rue) ou Ste.-Anne. 69
Hôpital des Quinze-Vingts. 191
— du Nom-de-Jésus. 261
— Saint-Antoine. 183
— Saint-Louis. 269
Hospice des Aveugles. 191
— des Incurables. 264
— des Orphelins. 184
Hospitalières dites de la Place Royale (maison des ci-devant). 205
Hôtel de Bourbon. Anecd. y relatives. 14
— d'Evreux. 14
— de la Force (Prison de). 202
— de l'Infantado. 25
— de Ville. Faits historiques sur cet hôtel. 224
— du prince de Beauveau. 14
Hypothèques et de l'enregistrement (administration des). 170

I.

Isle-Louvier. 187
Imprimerie royale. 215
Inhumations (entreprise des). 261
Innocens (église des). 245

Table des matières. vij

J.

JACOBINS (couvent des).
   Anecdote relative à
   ce couvent. 65
Jacobins (marché des). 65
Jardin Turc. 207
Jean - Jacques Rous-
seau (rue). 285
Jésuites (maison des
   ci-devant). 200
Jour (rue du). 257
Jouy (village). 303

L.

LESDIGUIÈRES (rue de).201
Lombarde (rue des). 270
Longueville (hôtel de). 53
Loteries (administra-
   tion générale des). 68
Louvois (théâtre de). 75
Louvois (hôtel de). 75
Louvre (le). 171
Luxembourg (rue neuve
   de). 59
Lycée Bourbon. 60
— Charlemagne. 200

M.

MADELAINE (nouvelle
   église de la). 17
Madelaine (paroisse de
   la). 55
Madelonnettes (mai-
   son d'arrêt). 216
Maisons de jeux (ori-
   gine des). 112
Malmaison (la). 304
Manége (le), académie
   royale d'Equitation. 66
Mantoue (rue de). 11
Manufacture de glaces. 192
— des tapis, dits *de
   la Savonnerie.* 4
Marais (quartier du). 216
Marché d'Aguesseau. 18
Marché des Innocens. 245
— du faubourg Saint-
   Antoine. 184
— du Temple. 212
— Saint-Joseph. 277
— Saint-Martin. 267
Marly (machine de). 305
Martroit (rue du). 232
Mathurins (rue neuve
   des). 60
Matrones (astuces des).120
Mauvais Garçons (rue
   des). 235
Menus-Plaisirs du Roi
   (hôtel des). 274
Meslée (rue). 268
Messageries (entrepri-

viij *Table des matières.*

ses des). 278	Montesson (hôtel de). 63
Meudon (château). 288	Montmartre (rue). 276
Ministère des Finances (hôtel du). 68	Montmartre (village). 311
Monastère des Dames de la Conception. 55	Montmorency (hôtel de). 63
	Montmorency (bourg). 308
Monceau S.-Gervais (rue du). 233	Montorgueil (rue). 253
	Montreuil (rue de). Anecdote y relative. 185
Monnaie (rue de la). 179	
Mont-Blanc (rue du). 61	Morfontaine (château de). 309
Mont-de-Piété. 220	
Montesquieu (bains). 168	Mousseaux 11
Montesquieu (pass.). 168	Musée du Louvre. 174

N.

Nanterre (bourg). 292	Notre-Dame de Lorette (l'église de). 276
Neuilly (village). 293	
Notre-Dame de Bonne-Nouvelle (église de). 275	— des Victoires (l'église de). 278
	— des Victoires (rue). 278

O.

Oratoire (congrégation des prêtres de l'). 170	Oratoire (église de l'). 170
	Orléans (rue d') S.-Hon. 169
	Orléans (rue d') au Mar. 219

P.

Paix (rue de la). 58	Palais-Royal (galeries de bois). 85
Palais-Royal (place du). 77	— (café du). 88
Palais-Royal. 79	— (restaurateurs du). 92
— (jardin du). Anecdotes y relatives. 80	— Galerie vitrée). 93
	— (artistes décrotteurs). 94
— (Arcades du). 83	— (latrines publiq.). 95
— (boutiques du). 85	— Promenade du jar-

Table des matières.

din du). 97
— (physionomie des maisons de jeux au). 102
— Tableau des maisons de jeux du) 106
— (passage du Perron). Anecdotes y relatives. 161
Panorama (passag. du). 275
Paphos, grande rotonde. 207
Pavée (rue). 213
Pavillon d'Hanovre. 64
Penthièvre (hôtel). 283
Pet-au-Diable (rue). 236
Pères de Nazareth (les). 212
Petits Champs (rue neuve des). 67
Petits-Pères de la place des Victoires (couvent et église des). 278
Pierre (spectacle pittoresque et mécanique de M.). 65
Pierre à Poisson (rue). 259
Piliers des Halles (rue des et). 251-252
Place de Gastine. 270
— de Grève. 223
— de l'Ecole (fontaine de la). 176

Place de Louis XV. Anecdotes y relatives. 19
— de Louis XV (colonnades de la). 19
— des Victoires. 281
— du Puits d'Amour ou de l'Ariane. 256
— Royale 207
— Vendôme 57
— Vendôme (colonne triomphale). Anecdote relative à cette colonne. 57
Pompe à feu. 5
Pont de Grammont. 187
Popincourt (rue de). 194
Port au Bled. 233
— de la Rapée. 186
— Saint-Paul. 189
Porte de la Conférence. Anecdotes y relatives. 2
— Saint-Antoine. 195
— Saint-Denis. 243
— Saint-Martin. 264
Postes aux lettres (hôtel des). 285
Poterie (rue de la). 240
Prison de S.-Martin. 241
Prouvaires (rue des). 257
Provence (rue de). 70

Q.

Quai de Chaillot 3 | Quai de Gèvre. 234

— de la Grève	233	Quai des Ormes.	189
— de la Mégisserie ou		— Morland.	187
— de la Ferraille	271	— Pelletier.	234
— de l'Ecole.	177	— Saint-Paul.	189
— de Bons Hommes	2	Quincampoix (rue).	239
— des Célestins.	189		

R.

RAINCY (château).	313	vent des).	190
Rambouillet (château).	307	Reuilly (rue de).	192
Récollets (monastère et église des).	263	— (petite rue de).	192
		Richelieu (hôtel de).	64
Religieuses Annonciades du Saint-Esprit (couvent des).	194	Richelieu (rue de).	73
		Rocher de Cancale.	254
		— d'Etretat.	254
— Annonciades du S.-Esprit (église des).	194	Romainville (village).	312
		Roquette (rue de la).	193
— Carmélites (monastère des).	239	Roule (rue du).	178
		Royale (rue). Anecdote y relative.	18
— de la Visitation de Sainte-Marie.	3	Ruel (bourg).	305
— Dominicaines (cou-		Ruggieri, artificier.	61

S.

SAINT - AMBROISE DE POPINCOURT (église de).	194	Saint-Cloud (château).	280
		— Cyr (château de).	304
— Antoine (rue).	199	— Denis (rue).	243
— Antoine (église dite Petit).	206	— Denis (ville).	815
		— Eloi (chapelle) de.	259
— Bernard (rue).	190	— Eustache (église).	257
— Bonnet.	193	— Florentin (rue)	24
— Chaumont (congrégation des Dames de.	244	— François d'Assise (église de).	215
		— Germain - l'Auxerrois (église de).	174

Table des matières.

S. Germain - l'Auxerrois (rue). Aventure arrivée dans cette rue à un abbé. 180
— Germain - en-Laye (ville). 306
— Gervais (église). 232
— Honoré (cloître) 168
— Honoré (l'église collégiale). 168
— Honoré (porte). 55
— Honoré (rue). 55
— Jacques la Boucherie (tour et église de). 235
— Joseph (rue). 276
— Joseph (chapelle de) 276
— Julien des Ménétriers. 267
— Lazare (rue). 61
— Lazare (maison des prêtres de la Mission 241
— Lazare (église de). 241
— Laurent (église). 261
— Leu Saint - Gilles (l'église de). 244
— Louis (rue). 206
— Magloire (les Religieuses de). 244
— Martin-des-Champs (les Religieux de). 265
— Martin (rue). 263
— Méry (rue neuve). 267
— Méry (église). 267
— Méry (cloître). 268
— Nicolas - des - Ch. (église de). 267

Saint-Paul (église). 203
— Paul (rue neuve). 203
— Philippe du Roule (église de). 13
— Roch (église). Anecdotes y relatives. 66
— Roch (Butte). Anecdote y relative. 68
— Sauveur (église de). 245
— Thomas du Louvre (rue). 77
— Thomas (l'église des Filles). 166
Sainte Apolline (rue). 236
— Avoie (rue). 217
— Catherine (les Religieuses de l'hôpital de). 244
— Croix de la Bretonnerie (l'église de). 222
— Croix de la Bretonnerie (rue). 222
— Marguerite (église 191
— Opportune (cloître ou place). 271
— Perrine (abbaye de). 4
— Perrine (institution consacrée à la vieillesse.) 4
Salle-au-Comte (rue). 238
Santé (maison de). 264
Sceaux (bourg). 307
Séminaire de Saint-Charles. 242
Sépulcre (l'église du). 244
Sèvres (bourg). 289

Table des matières.

Soubise hôtel). 215-221
Spectacle de M. Olivier. 162
Statue équestre de Louis XV 19
Statue pédestre de Louis XIV. 282
Surenne (village).

T.

Temple (le palais du. Anecdote y relative. 209
Temple (rue du). 209
Temple (vieille rue du). 214
Théâtre de la Gaîté. 207
— de l'Ambigu-Comique 207
— de la Porte Saint-Martin. 265
— des Variétés 275
— Du Vaudeville. 77
— Français. 76
— Feydeau. 167
— Italien. 71
— de l'ancienne Comédie italienne. 256
— Montansier. 84
— Olympique. 62
Thélusson (maison de). 70

Timbre (hôtel de l'administ. du droit du). 293
Tire-Boudin (rue). 254
Tivoli (jardin). 61
Tixeranderie (r. de la). 240
Transnonain (rue). 238
Trianon (grand et petit). 300
Trésor public (hôtel du). 68
Trousse-Vache (rue). 239
Truanderie (rue de la Grande). 255
Tuileries (palais des). Événemens arrivés dans ce palais et dans le jardin. 25
Tuileries (descriptions des statues, etc. du jardin des). 43

U.

Uzès (hôtel d'). 277

V.

Variétés Amusantes. 207
Vendôme (rue de). 219
Verrerie (rue de la). 234
Versailles (ville). 394
Victoire (rue de la). 62
Vieilles Audriettes (rue des). 213

Ville-l'Evêque (église de). 16
Ville-l'Evêque (rue de la). 16
Vincennes (château). 313
Vivienne (rue). 164

Fin de la table des matières.

PROMENADES

DESCRIPTIVES ET POLITIQUES

DANS PARIS.

TROISIÈME PROMENADE.

DE L'OUEST AU NORD-OUEST ET DU NORD-OUEST AU CENTRE.

BARRIÈRE DE PASSY.

Nous commençons cette promenade à la barrière de Passy ou des Bons-Hommes, nous suivons et parcourons Chaillot, le Cours-la-Reine, les Champs-Élysées, la barrière de Neuilly, les faubourgs du Roule, Saint-Honoré, les boulevards de la Madeleine, des Italiens et des Caputcines, la place de Louis XV, les Tuileries, la place du Carrousel, la place Vendôme, tout le quartier de la Chaussée-d'Antin jusqu'à la barrière Montmartre, la rue Saint-Honoré, la butte Saint-Roch, la rue de Richelieu, le Palais-Royal, le Louvre, la rue du Roule, et nous finissons par la rue Saint-Germain-l'Auxerrois.

Barrière de Passy ou des Bons-Hommes. Cette barrière, située sur le quai des Bons-Hommes, route de Versailles. Ce quai commence à la rue des Bons-Hommes jusqu'à la place de la Conférence, qui fut construite d'abord sous le règne de François Ier, et rétablie en 1659 pendant les conférences de la paix des Pyrénées, d'où elle prit le nom de porte de la Conférence.

Le 17 juillet 1789 Louis XVI fit son entrée à Paris par la barrière de Passy; un peuple immense fut au-devant du roi. M. Bailli, faisant les fonctions de maire de Paris, présenta au roi les clefs de la ville, en lui disant: *Sire, ce sont les mêmes clefs qui furent présentées à Henri IV; il vint conquérir son peuple, aujourd'hui c'est le peuple qui reconquiert son roi.*

Quartier de Chaillot.

Le 6 octobre 1789, le roi ainsi que toute sa famille est entré à Paris par cette barrière pour la dernière fois, pour venir fixer sa résidence dans la capitale; il était précédé d'une multitude de plus de cent mille individus, qui conduisirent la famille royale à l'Hôtel-de-Ville, aux cris de *vive le roi*; tous les chapeaux étaient en l'air en signe d'allégresse.

Les Bons-Hommes, situés à mi-côte de Passy, étaient des religieux Minimes: le couvent avait été fondé par Anne de Bretagne, reine de France, qui en posa la première pierre en 1496.

Il y a dans ce bâtiment une superbe manufacture de basins, piqués, mousselinettes et autres étoffes qui rivalisent celles des fabriques anglaises.

Chaillot. C'était en 1786 un village hors des barrières de Paris; mais depuis cette époque il est devenu l'un des faubourgs de la capitale, et fait actuellement partie de la division des *Champs-Élysées*.

Les religieuses de la Visitation de Sainte-Marie étaient dames de ce faubourg.

L'église a été bâtie en 1704.

Buonaparte a fait démolir un grand nombre de maisons pour disposer l'emplacement du palais du roi de Rome, en face du pont d'Iéna, qui aurait englouti plus de 20 millions. On peut dire à cet égard que Buonaparte, d'après le proverbe, a *bâti un château en Espagne*.

L'abbaye de Sainte-Perrine, rue de Chaillot. On y remarquait une Adoration des Mages, de *Monnier*.

C'est dans le bâtiment de *Sainte-Perrine* qu'on a établi une institution consacrée à la vieillesse, en payant une pension depuis 600 fr. jusqu'à 3000 fr. Comme l'on voit, c'est une spéculation; mais on assure que c'est au profit des pauvres.

L'église de Sainte-Perrine est aujourd'hui succursale de la paroisse de la Madeleine.

Quai de la Conférence. Ce quai tient à la rue Neuve-de-Passy et à la place de la Conférence.

On voit au bas de Chaillot la manufacture des tapis dits *de la Savonnerie*, façon de Perse. Cette manufacture a été établie en 1663, sous le ministère de Colbert. Le procédé y est le même qu'aux Gobelins, si ce n'est que l'ouvrier a sous les yeux le vrai côté de son travail. L'aune carrée vaut 600 fr.

Pompe à Feu ou *à Vapeur*, située quai de Chaillot, à peu de distance du Cours-la-Reine, a deux machines à vapeurs de la plus grande dimension, qui donnent le mouvement à des pitons qui refoulent l'eau jusque sur la partie la plus élevée de Chaillot, où sont placés quatre réservoirs tellement vastes, qu'ils donnent en vingt-quatre heures trente-huit mille six cents muids d'eau; cette eau part ensuite par des tuyaux de conduite pour sa destination dans les différens quartiers de Paris. Cette mécanique est l'ouvrage des frères Perrier.

Cours-la-Reine. Ce cours commence au quai de Chaillot, place de la Conférence, et aboutit à l'Étoile des Champs-Élysées.

La reine Marie de Médicis ayant fait planter le petit cours en 1628, on lui donna le nom de *Cours la Reine*, qu'il a toujours conservé, quoiqu'il ait été replanté le 27 novembre 1723.

Cette promenade, qui dans la moitié de

sa longueur n'est séparée des Champs-Elysées que par un fossé peu profond, et dans lequel on va jouer au *cochonet*, ou aux quilles, présente de l'autre côté la perspective la plus riante, par le voisinage de la rivière.

Le chemin de Saint-Cloud et de Versailles la borde de ce côté. On peut se promener en voiture dans l'allée principale.

Près de là est l'*Allée des Veuves*, qui conduit à l'Étoile des Champ-Elysées. On y a construit de jolies maisons, avec des jardins. Plusieurs traiteurs sont établis dans les jardins qui bordent l'Allée des Veuves.

Anciennement toutes les veuves allaient pleurer leurs maris dans cette allée sombre et solitaire. Aujourd'hui elles y vont se consoler de cette perte, et reçoivent des visites dans leurs jolis boudoirs.

Les veuves, à cette époque, n'osaient paraître, même en grand deuil, aux promenades publiques.

A dix pas de l'Allée des Veuves est l'Allée d'*Antin*, qui prend au petit pont d'Antin, et qui conduit aussi à l'Étoile des Champs-Elysées. Depuis vingt ans, cette avenue contient un grand nombre de guinguettes, qui, par leur situation agréable et à la proximité des Champs - Elysées, faisaient beaucoup de tort à celles de Vaugirard et des Porcherons avant le rétablissement des droits d'entrée sur le vin. On y voit beaucoup de militaires.

Champs-Elysées. Il serait difficile de trouver en Europe une promenade plus champêtre, plus agréable que celle des Champs-Elysées ; c'est un lieu délicieux.

Les arbres ont été plantés, en 1765, avec beaucoup de régularité ; on en a le plus grand soin. L'immense étendue des Champs-Elysées, les cafés qui y sont distribués, y attirent dans la belle saison un grand concours de monde. Ce vaste quinconce a été planté pour accompagner la Place Louis XV.

La partie des Champs-Elysées du côté de la rivière est fréquentée par des rentiers, des joueurs de boule, de paume et de ballon.

On a placé en 1793, au bout des Champs-Elysées, à l'entrée de la place Louis XV, deux groupes de marbre, représentant deux chevaux fougueux retenus par deux hommes. Ces deux groupes étaient dans le parc du château de Marly. La beauté de l'exécution et le mérite des formes font admirer ces deux morceaux de sculpture.

Les Champs-Elysées, du côté du faubourg Saint-Honoré, sont décorés de superbes maisons avec des jardins contigus à la promenade.

L'on donne souvent des fêtes publiques aux Champs-Elysées ; on y voit alors des mâts de cocagne, des salles de spectacle construites au milieu des arbres, ce qui présente les effets les plus agréables. C'est aux Champs-Elysées que la ville de Paris a donné une superbe fête à Louis XVI, après son acceptation de la constitution de 1791.

1790. — 20 mai. Louis XVI passa en revue, aux Champs-Elysées, toute la garde parisienne.

1792. Le général Santerre donna un repas civique à des Marseillais volontaires, arrivés récemment à Paris. Le restaurateur voisin, connu sous le nom du *Jardin-Royal*, traitait le même jour des bourgeois grenadiers du bataillon des Filles-Saint-

Barriere de l'Etoile ou de Neuilly.

Thomas, parmi lesquels se trouvaient des députés du parti du roi.

Les Marseillais burent largement à la nation, sans y mêler d'autres toasts. Les grenadiers, au contraire, portèrent des santés au roi, à la reine. Cette provocation fut suivie d'une espèce de combat, où nombre de personnes furent blessées. L'agent de change Duhamel, lieutenant du bataillon des Filles-Saint-Thomas fut tué.

1793. On avait élevé aux Champs-Elysées, d'après un décret de la Convention nationale, un monument à Marat, assassiné par Charlotte Corday le 14 juillet de la même année, et à Michel Lepelletier de Saint-Fargeau, assassiné au Palais-Royal, le 20, par un garde du roi nommé Pâris.

1814. — 28 avril. L'empereur de Russie a passé une revue de son armée en présence du roi de Prusse, de l'empereur d'Autriche, etc., aux Champs-Elysées.

Barrière de Neuilly, située sur la même ligne que le pont de Neuilly et sur la route du Bois de Boulogne, correspondant en ligne directe à l'entrée du grand vestibule du château des Tuileries. Il n'y a pas, en Europe, un point de vue aussi beau.

L'arc de triomphe à la gloire des armées françaises, commencé sur le terrain de la demi-lune avant d'arriver à la barrière, intercepte l'un des plus beaux points de vue de l'univers.

Cette belle route conduit à la place de Louis XV, en traversant les Champs-Elysées, qu'elle partage en deux parties égales. Dans la belle saison on voit les plus brillantes voitures de Paris, et des cavalcades qui vont se promener au Bois de Boulogne, depuis deux heures jusqu'à cinq.

Tous les ans, le mercredi, le jeudi et le vendredi de la semaine sainte, cette route est couverte de voitures et de gens de pied qui vont au Bois de Boulogne, et qui autrefois allaient jusqu'à Long-Champ.

La rue du Faubourg du Roule était anciennement un petit village où il y avait un hôpital pour les pauvres monnayeurs attaqués de la lèpre : réuni à la Ville-l'Evêque, il fut érigé en faubourg par lettres-patentes du 12 février 1722. Ce quartier est très-beau, bien aéré ; on y a construit de belles maisons et de superbes jardins. On remarque, dans le quartier du Roule, *Mousseaux*, situé à l'extrémité ; il est planté dans le genre anglais. L'abbé Delille, dans son Poëme, en parlant des jardins où l'art trouve de la verdure, même au temps des frimas, cite Mousseaux pour modèle. Buonaparte en avait donné la jouissance à M. Cambacérès, alors *prince et chancelier de l'Empire*. Ce jardin, avant la révolution, était nommé *Folies de Chartres*. Il appartient au duc d'Orléans.

C'est à Mousseaux que Garnerin fit, le 24 août 1797, sa première ascension avec un parachute.

Rue de *Chartres*, ci-devant *Mantoue*, qui tient à la rue de Mousseaux, et aboutit à la barrière de Courcelles. Il y a un lieu destiné à des expériences sur l'agriculture.

Rue de *Courcelles*, grandes pépinières.

Grande-Rue Verte, où était l'hôtel de Lucien Buonaparte.

Rue du *Faubourg du Roule*, une superbe pépinière.

L'hôpital Beaujon, composé de deux

cents lits. C'est le riche financier *Beaujon* qui fit construire, en 1784, ce superbe bâtiment de luxe, pour élever vingt-quatre orphelins de la paroisse du Roule, douze garçons et douze filles. Depuis la révolution on a fait de cette maison un hôpital de malades.

En face de cet hôpital, le financier Beaujon fit construire un jardin sous le nom de *Folies Beaujon*.

Beaujon fit encore construire, près de l'hospice, la chapelle Saint-Nicolas, son patron, derrière laquelle chapelle était une salle de bains, et un joli appartement de petite maîtresse.

Dans le nombre des maisons d'éducation qui sont établies dans ce quartier, et particulièrement rue Neuve de Berry, on remarque celle de M. Lemoine.

En continuant le Faubourg du Roule, on voit

Les anciennes écuries, que le comte d'Artois a fait construire ;

L'hôtel du prince Borghèse, et celui qui a été occupé par le marquis de Gallo, ambassadeur extraordinaire du roi de Naples et des Deux-Siciles.

Saint-Philippe du Roule, église paroissiale construite sur les dessins de M. Chalgrin.

Au-dessous de cette église est la rue Neuve-Saint-Charles, à l'entrée de laquelle on remarque l'ancien hôtel de Balincourt, bâti par M. Liegon, architecte. Au-dessus et du même côté de cette rue sont deux jolies maisons construites sur les dessins de M. de Wailly, architecte du roi.

Suivant les murs jusqu'à l'extrémité de cette rue, on remarque une caserne que le maréchal de Biron fit construire pour deux compagnies des Gardes-Françaises. Ce corps de bâtiment est très-vaste; il contenait en outre le magasin d'armes du régiment.

Revenant sur vos pas, et reprenant la grande rue, vous entrez dans la rue du Faubourg-Saint-Honoré, qui commence dans cet endroit.

Rue du Faubourg-Saint-Honoré. Cette rue se termine porte Saint-Honoré, rue Royale et rue de la Madeleine. On remarque l'hôtel garni du prince de Galles, qui appartenait au prince de Beauveau. L'avenue de Marigny, plantée d'arbres, fait face à cet hôtel.

Du même côté, et au-dessous de cette rue, le magnifique hôtel de Bourbon, connu anciennement sous le nom d'hôtel d'*Évreux*. Cet hôtel, que le comte d'Évreux a fait bâtir en 1718, sur les dessins de Molet, est un des plus beaux de Paris.

La courtisane de Louis XV, dite marquise de *Pompadour*, ci-devant nommée *Poisson*, en fit l'acquisition pour agrandir son jardin et former une demi-lune sur les Champs-Élysées. Cette femme fut l'une des premières causes des dilapidations des finances sous Louis XV. Comme elle parlait très-bien la langue italienne, le roi dit au duc d'Ayen : N'est-ce pas que madame de Pompadour parle bien cette langue. — *Cela est vrai, Sire, mais elle écorche un peu le français.* Ce seigneur fut disgracié.

Après la mort de la Pompadour, Louis XV acheta cette maison de *Poisson*, marquis de Marigny, son frère (1), pour en

----

(1) Cela nous rappelle une anecdote. Louis XV

faire un hôtel des ambassadeurs extraordinaires ; il servit ensuite au garde-meuble de la couronne, jusqu'à ce que l'hôtel qu'on lui destinait dans une des colonnades de la place de Louis XV fût achevé.

Enfin le financier Beaujon, nouveau parvenu, l'acheta en 1773, et en fit son habitation, après y avoir fait faire des additions du plus grand luxe. C'est dans cet hôtel que Beaujon a étalé le faste d'un souverain du Japon. Le jardin qui donne sur les Champs-Elysées était orné des plus belles statues de marbre.

La duchesse de Bourbon, épouse du fils du prince de Condé, en fit l'acquisition ; elle l'a occupé jusqu'en 1790, époque où elle a quitté la France. Depuis on y avait établi l'imprimerie royale, devenue impériale. Ensuite, il a appartenu à différens agioteurs, qui en ont fait un objet de spéculation pour des fêtes publiques. Cette maison et son jardin étaient tellement en discrédit, que toutes les spéculations se sont réduites à un bastringue, où l'on en-

---

donna à Marigny le cordon bleu, comme secrétaire de l'ordre. Le duc d'Ayen dit au roi : « Sire, le « poisson est bien petit pour le mettre au bleu. »

trait pour cinquante centimes, qui se consommaient en bière, etc.

Le prince Murat, beau-frère de Buonaparte, en a été propriétaire. Lors de son élévation au royaume de Naples, Buonaparte en a disposé pour lui. L'empereur de Russie l'a habité lors de son séjour à Paris, depuis le 31 mars 1814, époque de l'entrée des armées alliées dans cette ville.

Plus bas, du même côté,

L'hôtel qui était occupé par le prince Xavier de Saxe, bâti sur les dessins de M. Boullée.

L'hôtel de madame de Brunoy. Rien de plus pittoresque que la façade de cette maison, du côté des Champs-Elysées.

L'hôtel du maréchal de Duras, etc., etc.

L'hôtel Poyanne, celui de Charost, et plusieurs belles maisons dont les jardins donnent sur les Champs-Elysées.

Rue d'Anjou, on remarque les hôtels de Nicolaï, de Baufremont, de la Belinaye, de Créqui, de la Rivière, de Contade et l'hôtel des écuries du comte d'Artois.

Rue de la Ville-l'Évêque. Elle tient à la rue de la Madelaine et à la rue Verte.

L'église de la Ville-l'Evêque est l'an-

Église de la Madelaine.

cienne église de la Madelaine, fondée par Charles VIII, érigée en paroisse en 1639, et rebâtie en 1660.

Auprès de cette paroisse est la rue de l'*Arcade*, où l'on remarquait l'hôtel de Saucour. Revenant sur vos pas, vous trouverez, à l'entrée de la rue de la Madelaine, l'ancienne maison des Bénédictines de la Ville-l'Evêque, fondée le 12 avril 1613.

Nouvelle église de la Madelaine. C'est Louis XV qui a ordonné la construction d'une nouvelle église paroissiale pour le faubourg Saint-Honoré. Les travaux, sur les plans et dessins de l'architecte Contant d'Ivry, furent continués jusqu'à sa mort, arrivée en 1777.

Louis XVI, par arrêt de son conseil du 7 février 1777, chargea alors M. Couture le jeune, l'un de ses architectes, de continuer les travaux de cette église.

Ce monument devait terminer la vue de la place de Louis XV par la rue Royale.

Tous ceux qui ont été décapités sur la place Louis XV pendant le règne de la Convention nationale ont été inhumés dans le cimetière de la Madelaine.

Buonaparte a ordonné qu'on ferait de ce

monument un temple à la gloire des militaires morts pour la patrie. L'architecte Vignon a commencé la construction de ce temple, dans lequel il ne devait entrer ni bois, ni fer, ni plâtre.

Sortant de ce monument, et descendant le boulevard de la Madelaine, on trouve à droite la principale porte du marché d'Aguesseau.

Ce marché a trois issues : celle dont nous venons de parler, une dans la rue de la Madelaine, et une autre dans la principale rue du faubourg Saint-Honoré.

En continuant le boulevard de la Madelaine, vous arriverez au carrefour, conduisant à gauche rue Saint-Honoré, en face de la rue Royale, et à droite de la rue du faubourg.

Rue Royale, ci-devant rue de la Concorde. Cette belle rue a plus de quinze toises de largeur ; ses maisons parallèles sont terminées par les deux superbes corps de bâtimens qui donnent sur la place de Louis XV.

C'est dans cette rue que l'on avait exposé toutes les victimes, à la suite du feu d'artifice tiré le 30 mai 1770, en réjouissance du mariage du Dauphin. Là, chaque famille allait reconnaître son père, son frère, sa mère, sa sœur, etc. Nous avons vu et nous n'oublierons jamais ce terrible tableau.

Place de Louis XV. On arrive sur cette place par six avenues, dont les deux principales ont quarante-neuf mètres (vingt-cinq toises) de large. Elle forme un parallélogramme de deux cent cinquante-deux mètres (1301) de longueur sur deux cent quatre mètres (106 toises) de largeur. Il y a quatre pavillons décorés en bossage du côté des Champs-Élysées, et des deux autres côtés on a construit des guérites dont le comble devait être orné de figures allégoriques.

On voyait, au centre de la place de Louis XV, la statue équestre de ce monarque. Elle fut érigée le 20 juin 1763.

Colonnades de la place de Louis XV. Ces deux magnifiques bâtimens, du côté du faubourg Saint-Honoré, règnent sur toute la partie du nord, en face de la Seine, du pont de Louis XVI et du palais Bourbon. Ces bâtimens sont divisés en deux parties par la rue Royale.

Lorsque ces deux corps de bâtimens sont illuminés, dans les fêtes publiques, le coup-d'œil est enchanteur. C'est dans la façade à gauche du côté des Tuileries qu'était le garde-meuble de la couronne; la principale entrée est au milieu du bâtiment.

Faits historiques et événemens relatifs à la place de Louis XV.

L'hôtel du Garde-Meuble est occupé par le ministre de la marine. On voit au-dessus du bâtiment un télégraphe.

1770. — 30 mai. C'est sur cette place que fut tiré ce fameux feu d'artifice dont nous venons de parler qui causa la mort de plus de quinze cents personnes des deux sexes, et changea en une nuit de deuil et de douleur une nuit consacrée aux fêtes et aux réjouissances publiques, à l'occasion du mariage de Louis XVI, alors dauphin.

Le 12 juillet 1789 le prince Lambesc, à la tête de son régiment, était en station sur cette place pour empêcher les rassemblemens.

Il courut avec plusieurs de ses soldats

jusqu'à la grille des Tuileries, pour arrêter un particulier qui tenait des propos et jetait des pierres sur sa troupe. Le particulier fut renversé par le cheval du prince Lambesc, ce qui répandit l'alarme parmi tous ceux qui se promenaient dans le jardin, et par suite dans tout Paris. Ce fut le signal du 14 juillet.

Le 13 juillet 1789 l'on a enlevé du garde-meuble les fusils qui y étaient, ainsi que deux pièces de canon et autres objets précieux.

En 1792, dans la nuit du 9 au 10 août, une patrouille dite de *royalistes* fut surprise. L'abbé Bonnefoi de Bouion était à la tête de cette patrouille ; il se sauva dans une maison voisine de la place Louis XV ; mais voyant ses camarades aux prises, il se précipita du premier étage sur les bayonnettes des assassins, qui lui coupèrent la tête sur une borne. La *fameuse Thérouenne* lui tenait les deux jambes. M. Sulau, journaliste, éprouva le même sort.

1792. — 12 *août*. La statue équestre de Louis XV fut renversée d'après un décret de l'Assemblée législative. On avait attaché des cordes énormes au milieu du corps du roi et de son cheval, et à force de secousses on parvint à renverser l'édifice, à l'exception du pied droit du cheval, qui resta dans le bloc de marbre. Un plaisant dit : *La royauté a encore un pied dans l'étrier.*

La statue équestre de Louis XV fut remplacée par une monstrueuse statue en plâtre, représentant la soi-disant *Liberté* : sa physionomie hideuse annonçait plutôt la prostituée la plus déhontée.

Cela nous rappelle un fait qui nous est personnel. En passant sur cette place, un étranger nous demanda ce que représentait cette statue ; nous lui répondîmes qu'on disait qu'elle était l'emblème de la Liberté. — Monsieur, ce ne peut être qu'*une Liberté provisoire.*

Cette prétendue statue de la Liberté a vu égorger à ses pieds, dans l'espace de vingt-sept mois, du 21 janvier 1793 au 3 mai 1795, plus de deux mille huit cents individus des deux sexes et de tout âge ; tous les partis et toutes les factions, au temps de ces assassinats, se sont conduits réciproquement à l'échafaud sur cette place.

Le 17 septembre 1792 des voleurs familiers enlevèrent du garde-meuble beau-

Place de Louis XV.

coup d'objets. Le comité de salut public emprunta d'un juif une forte somme sur le beau diamant le *régent*.

1792. — La Convention nationale a célébré une fête sur cette place, *pour la liberté de la Savoie*.

1792. — 21 janvier 1793, ont péri sur la place de Louis XV le vertueux Louis XVI.

17 juillet, Charlotte Corday.

2 octobre, le député Brissot et vingt de ses collègues.

13 octobre, la respectable Marie-Antoinette d'Autriche, épouse de Louis XVI.

14 novembre, Louis-Philippe-Joseph, duc d'Orléans.

1794 — 25 mars, la faction dite des *Hébertistes*, *Muratistes*, au nombre de dix-neuf individus, dont Hébert, dit le père Duchesne, substitut du procureur de la commune.

8 avril, la faction dite des *Dantonistes*, dont Danton, Camille-Desmoulins, Héraut-de-Séchelles, Fabre-d'Églantine, etc.

16 avril, la faction dite des *Athéistes*, composée de l'évêque Gobel, Chaumette, procureur de la commune ; Anacharsis

Cloots, député; la femme de Camille-Desmoulins, celle d'Hébert, dit le *Père Duchesne*, etc.

12 mai, la digne et vertueuse Elisabeth-Philippine-Marie-Hélène de France, sœur de Louis XVI.

28 juillet (10 thermidor an II.) Enfin et heureusement Robespierre aîné, Saint-Just, Couthon, tous trois membres du comité de salut public et plusieurs autres.

29 juillet, soixante-dix membres de la commune de Paris.

A la honte des Français on avait élevé sur la place de Louis XV une montagne à Marat.

Lors du séjour des armées alliées à Paris, l'empereur de Russie a fait chanter une grande messe d'après le rit grec, le 18 avril 1814. L'autel était placé à l'endroit où Louis XVI a péri.

On voit à l'entrée des *Champs-Elysées* l'hôtel de M. Grimod de La Reynière, fils de l'auteur de l'*Almanach des Gourmands*.

Rue Saint-Florentin. Cette rue tient d'un bout, rue Saint-Honoré et aboutit place Louis XV.

On y remarque le superbe hôtel bâti pour le duc de La Vrillière, sur les dessins de M. Chalgrin, et que la duchesse de l'Infantado a occupé jusqu'à l'époque de la révolution. M. Taleyrand de Périgord y fait sa résidence. Alexandre, empereur de Russie, a dîné et couché dans cet hôtel le 31 mars 1814, jour de l'entrée des armées alliées à Paris. Tout le long de cette rue sont de beaux hôtels.

Palais des Tuileries. Ce palais et son jardin furent ainsi nommés, parce qu'on faisait de la tuile sur ce terrain. Sous le règne de Charles IX, en 1574, Catherine de Médicis, sa mère, le fit bâtir pour y faire sa demeure et avoir un palais séparé de celui du roi qui logeait au Louvre. Le palais des Tuileries a été construit sous la conduite de Philippe de l'Orme, abbé de Saint-Serge et de Saint-Eloi, le plus célèbre architecte qui eût paru en France.

Cet édifice ne consistait d'abord qu'en un gros pavillon au milieu de deux corps de logis, terminés chacun par un petit pavillon. Ce palais a été achevé sous les règnes de Henri IV, Louis XIII et

Louis XIV, sur les dessins de Levau et de d'Orbay, architectes.

On lit dans *Mézeray*...

« Un astrologue ayant prédit à Catherine de Médicis qu'elle mourrait auprès de Saint-Germain, on la vit aussitôt fuir superstitieusement tous les lieux et toutes les églises qui portaient ce nom ; elle n'alla plus à Saint-Germain-en-Laye, et même, à cause que son palais des Tuileries se trouvait sur la paroisse de Saint-Germain-l'Auxerrois, elle en fit bâtir un autre (l'hôtel de Soissons), près de Saint-Eustache. Quand on apprit que c'était Laurent de Saint-Germain, évêque de Nazareth, qui l'avait assistée à sa mort, les gens infatués de l'astrologie prétendirent que la prédiction avait été accomplie. »

Saint-Foix dit : « Ce fut aux Tuileries, quatre jours avant le massacre de la Saint-Barthélemi, qu'elle donna cette fête dont parlent presque tous les historiens (1), mais trop légèrement : ils excitent la curiosité du lecteur sans la satisfaire. »

---

(1) De Thou, l. 52.

La façade du palais est composée de cinq pavillons, et de quatre corps de logis sur une même ligne, ayant trois cent quarante six mètres et demi (cent soixante dix-huit toises trois pieds) de longueur, trente-cinq mètres (dix-huit toises) de largeur. L'architecture du gros pavillon du milieu est composée des ordres ionique et corinthien. Sous Louis XIV on y ajouta le composite et un attique. Le vestibule, percé de cinq ouvertures, est si dégagé, que la vue, qui s'échappe par les arcades, se porte tout le long du jardin des Tuileries, jusqu'au haut des Champs-Elysées, même jusqu'à la nouvelle barrière, ce qui forme la perspective la plus magnifique et la plus agréable. Les colonnes qui sont du côté du Carrousel sont en marbre brun et roux : la même disposition se remarque du côté du jardin. L'intérieur de ce palais est décoré de superbes morceaux de peinture et de sculpture, exécutés par les plus célèbres artistes français et italiens. Les consoles qui règnent le long d'une partie des bâtimens, tant du côté de la cour que du jardin, sont ornées de quarante-deux bustes qui représentent des grands hommes de l'antiquité et des temps modernes. Sous les portiques du côté du jardin, sont dix-huit statues de marbre revêtues de la toge ; de chaque côté de la porte est un lion de marbre blanc, appuyé sur un globe ; dans deux niches qui se trouvent aux côtés de la porte, dominant sur la cour sont deux petites statues en marbre blanc : l'une est Apollon Moneta et l'autre un faune jouant de la flûte. Ce palais l'un des plus beaux et l'un des plus riches de l'Europe, a reçu successivement des embellissemens, depuis le règne de la Convention nationale, qui y avait fait construire la salle de ses assemblées. La cour des Tuileries, obstruée autrefois par plusieurs bâtimens, est maintenant libre ; elle est séparée de la place du Carrousel par une grille posée sur un mur à hauteur d'appui, au bas de laquelle il y a un large trottoir. Cette grille que le Directoire avait fait faire s'ouvrait par trois portes, celle qui se trouvait au milieu était ornée de quatre faisceaux d'armes, surmontés chacun d'un coq dont les ailes étaient déployées ; au-dessous était un carré long, entouré d'une couronne de lauriers, sur lequel on dis-

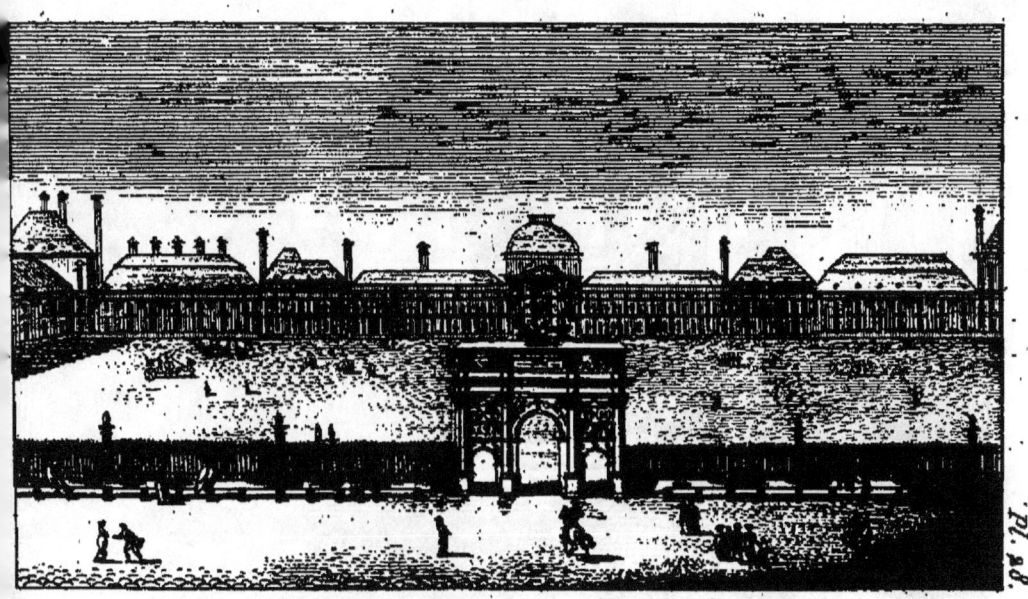

Palais des Tuileries, côté du Carousel.

Chapelle Royale des Tuileries.

tinguait les lettres R. F. réunies (République française) : tous ces ornemens étaient dorés.

Buonaparte, devenu Empereur, a fait faire des changemens à cette grille, qui se trouve maintenant derrière l'arc de triomphe; et au-dessus des colonnes qui sont encadrées dans la longueur des deux côtés de la grille, on a placé des boules dorées, surmontées d'une pointe semblable à celle que l'on trouve au-dessus des colonnes milliaires des Romains, dans les amortissemens des acrotères de la grille on a placé quatre figures représentant, la première à droite, la victoire tenant d'une main une enseigne et de l'autre une couronne : la deuxième, une palme destinée aux généraux vainqueurs, et une épée, symbole de la valeur ; la troisième à gauche représente la France victorieuse ; la quatrième représente l'Histoire, tenant une table et son burin, les deux premières statues sont de M. Petitot, les deux dernières de M. Gérard. L'arc de triomphe est en pierre de liais ; huit colonnes de marbre rouge du Languedoc ornent ses deux principales façades, et soutiennent un entablement en ressaut, avec des embasemens et chapiteaux de bronze; elles portent chacune une statue, et sont surmontées d'un attique portant un double socle, couronné d'un char de triomphe doré, attelé de quatre chevaux de Corinthe, conduits par la Victoire et la Paix, figures en plomb doré d'or mat par M. Lemot, etc., etc. Ces quatre chevaux ont été conquis sous la République.

L'intérieur du palais des Tuileries a reçu des embellisemens du plus grand luxe qui ne laissent rien à désirer.

L'on peut dire que Buonaparte a été un bon locataire pour la famille des Bourbons, il a aussi embelli le jardin.

Un hasard assez singulier, c'est que le plus beau jardin public d'Athènes s'appelait les Tuileries ou le Céramique, parce qu'il avait été planté comme le nôtre, sur un endroit où l'on faisait de la tuile.

C'est dans la cour des Tuileries et la place du Carrousel que Buonaparte passait en revue sa maison militaire. Trente mille hommes de cavalerie et d'infanterie peuvent y être rangés en bataille.

Palais des Thuileries côté du Jardin.

Événemens arrivés dans le palais et le jardin des Tuileries.

1783 — 1er *décembre.* MM. Charles et Robert, physiciens, s'élevèrent dans un ballon; l'un des voyageurs aériens fut victime de l'expérience.

1789 — 6 *octobre.* Une multitude armée, dirigée secrètement par des membres de l'assemblée nationale, se porta à Versailles, força Louis XVI et sa famille de venir le même jour faire sa résidence au château des Tuileries.

1790 — L'assemblée nationale vint s'installer dans la salle dite du Manége, située sur le terrain où l'on a pratiqué la rue de Rivoli, le long de la terrasse des ci-devant Feuillans.

1791 — 28 *février.* On arrêta, dans le château des Tuileries, beaucoup de personnes attachées à la cour, qu'on qualifia de *chevaliers des poignards* parce qu'ils s'étaient armés pour la défense du roi.

1791 — 21 *juin.* Louis XVI et sa famille partirent à minuit du château des Tuileries. Ils furent arrêtés à Varennes, et revinrent, accompagnés des trois députés Pétion, Latour-Maubourg et Barnave, le 25 du même mois, coucher au château.

1791.—18 septembre. Louis XVI donna une fête des plus brillantes dans le jardin des Tuileries, pour célébrer l'achévement de la constitution. Les illuminations étaient en bougies.

1792.— 20 juin. Les habitans des deux faubourgs Saint-Antoine et Saint-Marceau, armés de fusils et de plusieurs pièces de canon, forcèrent la garde du château, et montèrent dans les appartemens du roi, avec une pièce de canon sur leurs épaules.

Cette multitude, dirigée par une faction, exigea de Louis XVI la promesse de sanctionner le décret pour le serment des prêtres : le roi promit.

1792.— 10 août. Un grand rassemblement armé, qui avait à sa tête des détachemens de Marseillais et de Bretons, fit le siège du château.

La famille royale se réfugia dans le sein de l'Assemblée législative.

Le 13 août, cette famille fut renfermée dans la tour du Temple : peu de temps après

Porte d'entrée de la Maison Thelusson.

Ancienne Comédie Italienne.

la Convention nationale fit dans le jardin des Tuileries une cérémonie funèbre, en mémoire des citoyens morts dans la journée du 10 août.

1793. — La Convention nationale s'installa au château des Tuileries dans la salle qu'on lui avait préparée.

1793. — 31 mai. Il y eut une insurrection dans le sein de la Convention nationale, de la part du parti dit la *Montagne*, contre le parti dit *Brissotin*. Soixante-treize députés furent décrétés d'arrestation.

1794. — 11 juin (20 prairial an II). La Convention avait fait construire un amphithéâtre contre le château, du côté du jardin pour célébrer une fête à l'Etre Suprême; d'après le décret qu'elle avait rendu sur la proposition de Robespierre, qui déclarait *que le peuple français reconnaissait l'Être Suprême*.

Tous les membres de la Convention, ayant à leur tête leur président Robespierre, se réunirent sur l'amphithéâtre; là, il fut chanté des hymnes analogues, au son d'une musique harmonieuse.

L'on avait construit sur les deux bassins,

en face de la terrasse du château, une charpente sur laquelle étaient plusieurs statues, l'une représentait les Préjugés, une autre la Folie, et une autre la Liberté; et, par un vice de construction de la charpente, la statue de la Liberté a été renversée; celle de la Folie est restée debout. La Convention nationale se rendit de suite au Champ-de-Mars. (*Voy. Champ-de-Mars.*) Tous les députés avaient un habit bleu de roi, Robespierre seul était en habit couleur bleu tirant sur le violet.

1795. — 20 mai (1 prairial an 3). Un rassemblement armé sur la place du Carrousel envoya une députation à la Convention pour lui demander, au nom des *habitans du faubourg Saint-Antoine* et des *Sans-Culottes*, un décret pour prohiber l'argent et la mise à exécution de la constitution dite de 1793. Cette insurrection était dirigée par un petit nombre de députés de la Convention nationale; plusieurs députés furent arrêtés et condamnés à mort. On désarma le faubourg Saint-Antoine. Des femmes et des hommes forcèrent l'entrée de la salle de la Convention, et le député Ferraud fut assassiné. Le 14 du

Vue du Palais Royal du côté de la Place.

même mois la Convention lui rendit les honneurs funèbres.

1795. — 5 octobre (13 vendémiaire an 4). Il y eut un combat entre la garde nationale parisienne et la troupe de ligne commandée par Buonaparte, qui était campée dans le jardin des Tuileries pour la défense de la Convention, menacée d'une insurrection dirigée par toutes les sections de Paris : la garde nationale fut repoussée. C'est encore dans la salle du château des Tuileries que, le 28 octobre 1795 (6 brumaire an 14), la Convention nationale s'est organisée en Corps législatif. Les membres des Cinq-Cents se rendirent à l'ancienne salle du Manège; le conseil des Anciens resta dans la salle du château; et, le 29 brumaire suivant, le conseil des Anciens forma un Directoire exécutif.

1796. — 4 septembre. Journée du 18 fructidor. Le conseil des Anciens siégeant au château des Tuileries, le général Pichegru, l'un des membres du comité des inspecteurs de la salle, fut arrêté, avec un nombre de députés; la salle fut cernée et fermée par ordre du Directoire. Le conseil des Anciens et celui des Cinq-

Cents se réunirent pour tenir leurs séances dans la salle de l'Odéon. Une loi ordonna la déportation des directeurs Carnot et Barthélemi, de Pichegru, ainsi que celle d'un nombre de députés.

1799.—8 novembre (18 brumaire an 8). Depuis long-temps le conseil des Anciens ne marchait pas d'accord avec celui des Cinq-Cents. Le conseil des Anciens décréta que le Corps législatif irait siéger au château de Saint-Cloud. Buonaparte, à son retour d'Egypte, fut chargé de la force armée, harangua la troupe dans la grande cour des Tuileries, et dit : *Il faut demander compte au Directoire des trois cent mille hommes que la nation vient de lui fournir.* Il fut nommé premier Consul, et habita le château des Tuileries.

1805. Le Pape Pie VII a occupé le pavillon de Flore du palais des Tuileries.

1814—3 mai. Louis XVIII et sa famille se sont installés aux Tuileries.

Le jardin des Tuileries est l'un des plus beaux et des plus réguliers qui existent en Europe. Le célèbre Le Nôtre, qui a

Colonnade du Louvre.

porté si haut parmi nous l'art de construire les jardins et les parterres, en a fait le dessin.

On a posé une grille en fer le long de la terrasse de Rivoli, en place du mur qui était couvert d'une verdure. Malgré le bel effet que produit cette grille, le jardin des Tuileries, de ce côté, perd beaucoup de son point-de-vue champêtre : on aime mieux voir des arbres que de hautes maisons surchargées de tuyaux de cheminées dont la fumée fera un terrible contraste avec la belle verdure du jardin. En outre la promenade de cette terrasse, lorsqu'il fait du vent, n'est pas praticable par la quantité de poussière.

La rue de Rivoli, par sa position, est l'une des plus belles rues de Paris ; mais l'on a été surpris de voir construire un vaste bâtiment dans cette rue pour les bureaux des postes aux lettres, placés à l'extrémité du centre de cette grande ville.

L'intention de Buonaparte était vraisemblablement d'avoir près de lui le dépôt des secrets des familles, pour les violer plus facilement.

L'on pourrait y placer le Corps législatif. L'emplacement conviendrait beaucoup par son isolement, la largeur de la rue et les issues, au grand théâtre de l'Opéra.

Rien n'est plus agréable à voir dans la belle saison que les dix ou douze rangs de chaises qui bordent les allées adjacentes à la grande allée des orangers. Toutes les femmes qui occupent ces chaises sont serrées les unes contre les autres, et regardent les promeneurs avec autant de liberté qu'on les regarde; elles ressemblent à un parterre animé de plusieurs couleurs.

Les femmes aujourd'hui sont mises d'une manière moins brillante qu'autrefois, mais beaucoup plus voluptueuse; il en est qui ont l'air de sortir de leur baignoire; elles affectent de faire apercevoir les formes de leurs cuisses à travers des vêtemens diaphanes. Le grand genre de la promenade de ce jardin est depuis midi jusqu'à quatre ou cinq heures, et, dans les beaux jours d'été, depuis huit jusqu'à dix heures du soir.

On remarque tous les jours, et surtout en été, dans les allées voisines d'Hippomène et d'Atalante, des désœuvrés, des penseurs, des politiques qui lisent les journaux pour un sou chaque, depuis dix jusqu'à cinq heures. Le prix est double pour les huit grandes colonnes du Moniteur, dont la lecture procure souvent un sommeil paisible à divers lecteurs de ce jardin, principalement les longs articles de littérature, ou les adresses des préfets au nom des habitans, qui avaient presque toutes la même physionomie sous Buonaparte.

On voit le matin, dans les beaux jours, des femmes du bon ton avec leurs enfans et leurs bonnes.

On remarque aussi des femmes seules, un peu plus que coquettes, qui préméditent des dîners au Bois de Boulogne, aux Champs-Elysées ou chez Le Gacque.

Dès la brune on en voit qui se placent sur des chaises, dans la quatrième ou cinquième allée, contre un arbre. Elles lient volontiers la conversation avec les cavaliers qui se placent à côté d'elles; elles parlent de choses indifférentes, ce qui ne fait pas soupçonner les motifs de leur promenade. Plusieurs étrangers en ont été dupes. Plusieurs de ces femmes ont une petite fille ou un petit garçon à la main.

On paye les chaises 2 sous. Les loueuses de chaises sont élégantes et très-polies; souvent on abuse de leur confiance pour ne pas payer sa chaise, en disant *j'ai payé;* malgré la certitude qu'elles ont du contraire elles n'insistent pas.

Tous les jours, lorsqu'il fait beau, en été et en hiver, on voit du côté du parterre, grille de la place Louis XV, des invalides et des rentiers : là, on parle politique, et les plans de guerre s'organisent. On appelle cet endroit le *Midi* ou *la petite Provence.* Nous avons entendu raisonner sur l'art militaire un brave invalide qui, avec sa canne, traçait sur le sable un combat naval, et en crachant par terre disait : *Voilà la Tamise.*

Le jardin des Tuileries est très-bien entretenu. On admire les quatre carrés de gazon bordés de fleurs, qui sont plus agréables à la vue que la monotonie des anciens parterres garnis de buis.

Depuis l'établissement des latrines publiques, moyennant 2 sous, l'on vous donne gratis un carré du feuilleton du journal de la veille.

Autrefois tous les chieurs se rangeaient sous une haie d'ifs, et là ils soulageaient leurs besoins. Les terrasses des Tuileries étaient inabordables par l'infection qui s'en exhalait. M. le comte d'Angevilliers, inten-

Porte St Denis.

dant des bâtimens du roi, en faisant arracher les ifs, a dépaysé les chieurs qui venaient de loin tout exprès.

La promenade des Tuileries était abandonnée au commencement de l'installation de Buonaparte dans le château, ce qui n'était pas flatteur pour lui; et pour rétablir le concours des promeneurs, il ordonna, pendant l'espace de trois mois, à sa musique militaire, d'y jouer pendant une heure tous les soirs. Il obtint le résultat qu'il en attendait.

On doit néanmoins à Buonaparte l'achèvement des embellissemens de ce magnifique jardin.

A la naissance de son fils, qu'il avait nommé *Roi de Rome*, le public a vu avec peine la privation de la promenade de la belle terrasse du bord de l'eau, qu'il a fait fermer de grille comme une prison, et pratiquer un souterrain pour y venir se promener seul avec son épouse. On a dit plus d'une fois : *Voilà le tigre qui sort de son souterrain.*

La police de ce jardin est faite par des inspecteurs, anciens militaires qui se conduisent très-honnêtement, quoique mettant beaucoup d'importance et de gravité dans l'exécution de leurs fonctions.

Avant la révolution, aucun soldat ne pouvait se promener aux Tuileries ni dans aucun autre jardin royal. Mais aujourd'hui cet habit est honorable, tous les Français l'ont porté ou le portent ; ce serait donc une insulte de leur interdire la promenade des jardins publics; mais nous les invitons à ne pas tenir sous le bras leurs sabres à demi penchés, de manière que les enfans de six à huit ans sont exposés à en recevoir la pointe dans la figure.

Nous avons été privés pendant vingt-trois ans du beau concert qui avait lieu tous les ans le jour de la fête de saint Louis dans le jardin des Tuileries.

Nous n'en avons pas été dédommagés par le concert qui a eu lieu tous les ans, sous le règne de Buonaparte, le jour de saint Napoléon, saint qui n'a été placé dans le calendrier qu'en chassant saint Roch à coups de canon.

Les illuminations du palais des Tuileries présentent un coup-d'œil des plus magnifiques ; l'architecture du bâtiment est avantageuse pour placer les lampions.

Avant la révolution le bourgeois ne pouvait entrer dans le jardin des Tuileries aux

Porte St. Martin.

heures de la promenade sans avoir une épée, une bourse ou un *crapaud*, petite bourse qui renfermait les cheveux.

Dans la belle saison, avant huit heures, et dans l'hiver, avant neuf, tout le monde pouvait traverser ce jardin avec des paquets. Sous Buonaparte on refusait l'entrée pour une brioche à la main.

La Convention nationale avait fait construire un télégraphe sur le pavillon du milieu du palais des Tuileries; mais Buonaparte l'a fait supprimer.

Soixante et treize Statues, Vases, etc., qui décorent le Jardin des Tuileries, indiqués par ordre de promenades.

PREMIÈRE PROMENADE.

Vestibule, galerie et terrasses du palais.

MINERVE, *antique de marbre grec.* La sagesse de Minerve est bien exprimée.

GUERRIER GREC *dont on ignore le nom ni l'artiste.* Il est plein de vigueur.

Statue antique que l'on croit être un Nar-

cisse. Tout le monde connaît l'histoire du jeune Narcisse.

Galerie du palais.

UN SÉNATEUR ROMAIN, *statue antique.*

Au bas des marches qui conduisent du vestibule au jardin,

DEUX LIONS *en marbre.*

Terrasse du palais du côté de la rue de Rivoli.

UNE FLORE, *par Coysevox.*

UNE HAMADRYADE, *par Coysevox.*

LE JOUEUR DE FLUTE, *par Coysevox.*

Terrasse du palais, côté de la rivière.

UNE NYMPHE CHASSERESSE, *par Coustou l'aîné.*

AUTRE NYMPHE, *par le même.*

LE CHASSEUR EN REPOS, *par Coustou l'aîné.*

UN JEUNE BACCHUS *couronné de raisins.*

DEUXIÈME PROMENADE.

Terrasse du bord de l'eau, et Escalier de la même terrasse.

VÉNUS PUDIQUE. Ce chef-d'œuvre est vraiment digne du sujet.

Barrieres St Martin, de la Villette et de Pantin.

APOLLON PYTHIEN. Statue admirable qui a été apportée de Rome.

LAOCOON. La ville de Paris s'enorgueillit de posséder ce chef-d'œuvre.

Escalier de la terrasse du bord de l'eau.

CLÉOPATRE OU ARIANE; sous la voûte de l'escalier qui conduit sous les marronniers, à gauche du palais.

TROISIÈME PROMENADE.

Même terrasse du bord de l'eau.

HERCULE COMMODE.

Fer-à-cheval formé par les deux terrasses et bas de la terrasse.

LES MUSES.

Dix statues qui décorent le fer à cheval des deux terrasses autour du bassin octogone, du côté de la place Louis XV.

Elles sont d'une belle proportion, et représentent les neuf Muses, dont une répétée dans une attitude différente.

Ces dix statues sont :

Clio.
Melpomène.
Calliope.
Euterpe.

Uranie. Thalie.
Erato. Polymnie.
Terpsichore. Euterpe.

Bas de la terrasse.

UNE VESTALE. Jolie statue dont on ignore le nom.

QUATRIÈME PROMENADE.

Allée de l'orangerie du côté du château.

PAPIRIUS ET SA MÈRE.

MÉLÉAGRE. Terrasse du côté de l'Orangerie. Cette statue est d'une fraîcheur qui ferait croire qu'elle sort de la main de l'artiste.

CINQUIÈME PROMENADE.

Parterre du Palais.

LE GLADIATEUR COMBATTANT.

LE GLADIATEUR MOURANT.

LE RÉMOULEUR OU ROTATOR, *par les frères Kellers*.

VÉNUS ACCROUPIE.

ATLAS CHANGÉ EN ROCHER.

DAPHNÉE CHANGÉE EN PEUPLIER.

L'ENLÈVEMENT D'ORYTHIE PAR BORÉE, *commencée par Marsy et Flamand.* Bassin du côté de la rivière.

L'ENLÈVEMENT DE CYBÈLE, *par Regnaudin.*

Ce monument est un des groupes du bassin circulaire du centre à droite du côté du Manége.

LA PIÉTÉ FILIALE OU ÉNÉE *emportant son père et ses dieux, par Le Pautre.*

Un des groupes qu'on remarque à la gauche du bassin, du côté de la rivière.

ARRIE ET PÆTUS, *par Théodon, et terminé à Paris par Le Pautre.*

Ce beau monument, l'un des groupes du bassin circulaire du centre, est à droite du côté de la terrasse de Rivoli. On admire l'attitude empressée et tendre de l'époux.

SIXIÈME PROMENADE.

Allées parallèles au Palais.

EMPEREUR ROMAIN.

FLORE, OU JEUNE FILLE, *tenant une guirlande de fleurs.*

C'est dans l'allée parallèle au Palais et aux parterres qu'on remarque ce joli monument.

Hercule Farnèse, *par Comino*.

Diane chasseresse.

L'allée parallèle au palais et aux parterres renferme ce joli monument.

SEPTIÈME PROMENADE.

Couvert à gauche du palais, et côté gauche dn bassin octogone.

Apollon et Daphné.

C'est dans le premier bosquet circulaire du côté de la terrasse du bord de l'eau que l'on remarque ces deux jolis marbres. Ces deux statues semblent indiquer plutôt un défi, qu'Apollon poursuivant la belle Daphné.

Faune ou Berger *portant un chevreau*.

Cette jolie statue décore le banc circulaire à gauche.

Bacchus et Hercule.

Château de Versailles côté du Parc.

Les Lutteurs, ou deux Athlètes, combattant au pugilat.

Un Sanglier.

Côté gauche du bassin octogone.

Scipion l'Africain.

C'est du côté de la terrasse du bord de l'eau, près du bassin octogone, qu'on remarque le vainqueur d'Annibal.

Flore ou le Printemps.
(Therme.)

Vertumne ou l'Automne.
(Therme.)

C'est du côté de la terrasse du bord de l'eau, dans le bosquet circulaire, qu'on remarque cette jolie statue.

Silène et Bacchus.

Statue qui décore aussi le bosquet circulaire du côté du bord de l'eau.

Agrippine.

Belle statue qui décore aussi le bosquet circulaire du côté de la terrasse du bord de l'eau.

HUITIÈME PROMENADE.

Groupes autour du bassin octogone.

Le Nil.

Près du bassin octogne, du côté du bord de l'eau, est ce beau groupe qui représente un fleuve de l'Égypte.

Le Rhône et la Saône.

Ce groupe orne le parterre du bassin octogone du côté de la terrasse du bord de l'eau. Ce monument, qui fut exécuté à Rome par des artistes pensionnaires de Louis XIV, est très-beau.

Le Tibre.

Beau morceau qu'on remarque du côté du manége et parallèle au Nil, est de Vanclève.

La Seine et la Marne.

Groupe parallèle au Rhône, est près du bassin octogone du côté de la rue de Rivoli.

NEUVIÈME PROMENADE.

Niches sous les terrasses.

Vénus Callipyge ou aux belles fesses.

Cette figure est une copie de l'antique.

Statues du jardin des Tuileries. 51

On admire la draperie qui est très-bien finie.

JOUEUR DE FLUTE OU UN MERCURE.

DIXIÈME PROMENADE.

Groupe à l'entrée du jardin, du côté de la place Louis XV.

LA RENOMMÉE.

Ce morceau décore la terrasse du bord de l'eau.

MERCURE.

Sur la terrasse du bord de l'eau, du côté de la place Louis XV.

ONZIÈME PROMENADE.

L'HIVER.

(*Therme.*)

Bassin octogone, côté de la terrasse de Rivoli.

Dans le bosquet circulaire à gauche on voit la divinité allégorique qui présidait aux frimas.

ANNIBAL.

Beau monument qu'on voit dans le bosquet circulaire du côté de la terrasse de Rivoli.

Cérès ou l'Été.
(Therme.)

Monument qui décore le bosquet circulaire du côté de la terrasse de Rivoli.

Une Vestale.

C'est du même côté qu'on remarque ce chef-d'œuvre.

DOUZIÈME PROMENADE.

Couvert, côté de la terrasse de Rivoli.

Un Bacchus.

Jolie statue dans le second bosquet circulaire.

Le Centaure et l'Amour.

Joli groupe qui décore le second bosquet circulaire.

Castor et Pollux.

Dans l'allée parallèle au Palais et au parterre.

Apollon.

Hippomène et Atalante.

Deux statues qui décorent le premier

bosquet circulaire du côté de la terrasse de Rivoli.

La place du Carrousel tire son nom du *Carrousel* que Louis XIV y donna en 1662 à la reine sa mère et à la reine son épouse.

Les carrousels étaient des sortes de courses accompagnées de chariots, de machines, de récits, de danses, etc.

Depuis qu'on a démoli quantité de maisons qui obstruaient cette place, surtout toute l'île formée par l'ancien hôtel de Coigny, de quelque côté qu'on arrive, l'œil découvre le magnifique palais des Tuileries, et l'ouverture de douze des guichets du Louvre, qui font découvrir les quais des deux rives.

La nouvelle rue Royale, ci-devant *Impériale*, en ligne directe de la principale porte des colonnades du Louvre, jusqu'à la place du Carrousel, en face du palais des Tuileries, procure un point de vue vraiment majestueux.

On remarque sur cette place l'hôtel d'*Elbeuf*, qui a été occupé par l'archi-chancelier Cambacérès.

L'hôtel de *Longueville*, ancien hôtel de Chevreuse, le berceau de la Fronde et de la politique du cardinal de Rez. Cet hôtel fut long-temps habité par des ducs et des princes, et dans la révolution par des particuliers et par la ferme du tabac. L'on y a donné des bals et tenu des bastringues.

C'est aujourd'hui une partie des écuries de la cour, réunies aux écuries de Chartres, qui donnent dans la rue des Filles Saint-Thomas, à côté du théâtre du Vaudeville.

Mais l'hôtel de Longueville doit être démoli pour terminer la nouvelle rue.

Du côté de la rue de l'Échelle est un très-beau café.

On a vu sur cette place, à la honte des Français, pendant les années 1793 et 1794, un prétendu monument. C'était le simulacre d'un souterrain construit en planches. Marat y était représenté en plâtre, écrivant à la lueur d'une lampe sépulcrale : un factionnaire y faisait sentinelle nuit et jour, pour le défendre, disait-on, des *profanes*. Lazouski, l'un des chefs de la journée du 10 août, a été enterré au-dessous du monument de Marat. Un particulier, pour prouver le mépris qu'il faisait de Marat et de Lazouski, eut la témérité de faire ses besoins auprès de cet échafaudage de sapin ; il fut arrêté et décapité.

C'est au coin de la place du Carrousel, à l'entrée de la rue Saint-Nicaise, vis-à-vis la rue de Chartres, que se fit l'explosion de la machine infernale, le 25 déc. 1800 (3 nivôse an 9), à huit heures un quart du soir, au moment où Buonaparte, premier consul, allait à l'opéra. Cette explosion fit périr et blessa un grand nombre de personnes, plusieurs autres furent décapitées comme auteurs ou complices de ce crime.

Rue Saint-Honoré. Cette rue commence à la porte Saint-Honoré, et se termine place des Chats, près le marché des Innocens.

La porte Saint-Honoré, qui n'existe plus depuis long-temps, était située à l'extrémité de cette rue, vis-à-vis la rue Royale, ci-devant Concorde. Elle consistait en un gros pavillon couvert d'ardoises.

On remarquait sur la gauche de la rue Saint-Honoré le monastère des Dames de la Conception, fondé par Anne Pétau en 1635.

Vis-à-vis, les Dames de l'Assomption, aujourd'hui paroisse de la Madeleine.

En 1793, 1794 et 1795, le jardin des Capucins a servi à des bastringues.

Près la porte de ce monastère, en face de la place Vendôme, a été construite une fontaine d'eau de la Seine. On y lit ces vers de Santeuil.

Tot loca sacra inter, pura est quæ labitur unda.
Hanc non impuro quisquis es ore bibas;

Un peu au-dessus de cette fontaine était le couvent des Feuillans, dont la principale porte d'entrée, construite sur les dessins de Mansard en 1610, faisait face à la place Vendôme.

Ce sont les Feuillans qui ont fait bâtir les belles maisons qu'on voit du même côté, rue Saint-Honoré. L'église et le couvent sont démolis; une nouvelle rue fait découvrir les Tuileries, la place Vendôme et le boulevard des Capucines.

C'est en 1790 et 1791 que le club des Feuillans s'est organisé, et tenait ses assemblées dans le couvent de ce monastère.

Le club des Feuillans a été proscrit par le club des Jacobins, sous prétexte de principes royalistes. Ces mêmes membres se sont tous fait recevoir membres du club des Jacobins.

Robespierre aîné demeurait de l'autre côté de la rue, en face de la terrasse des Feuillans.

Pl. 31.

Place Vendôme. Côté des Thuileries.

Place Vendôme, ci-devant appelée *Louis-le-Grand*, située entre la rue Saint-Honoré et la rue Neuve-des-Capucines, a été construite sur le terrain de l'hôtel de Vendôme, bâti par Henri IV, pour son fils naturel le duc de Vendôme.

La statue équestre de Louis XIV était au centre de la place. Le roi y était représenté en héros de l'antiquité, sans selle et sans étriers, donnant des ordres de la droite, et tenant de la gauche les rênes de son cheval.

Ce monument fut détruit après la journée du 10 août 1792. On conserve encore dans le Musée des monumens français le petit modèle en bronze de cette statue, qui fut présenté à Louis XIV. Le piédestal ne fut démoli que deux ans après. On y a déposé pendant deux heures, le 3 pluviôse an 1er (24 janvier 1793), le corps de Michel Lepelletier de Saint-Fargeau, sur le socle de marbre qui portait la statue de Louis XIV, assassiné par Pâris, pour avoir voté la mort du roi. Tous les membres de la Convention nationale ont assisté à ses obsèques.

Buonaparte a fait élever sur la place Vendôme une colonne triomphale de la hauteur de 133 pieds sur 12 de diamètre, surmontée de sa statue colossale. Ce monument, construit sur le modèle de la colonne Trajane, est revêtu, dans toute sa hauteur, de bronzes; son stylobate est entièrement garni de bas-reliefs composés de trophées d'armes de toute espèce; à partir du fût de la colonne commence la suite des bas-reliefs, qui présentent dans un ordre chronologique les principales actions de la campagne de 1805, jusqu'à la bataille d'Austerlitz, etc.

Ce monument a été construit par MM. Lepère et Gonduin.

L'entrée à Paris des armées alliées, le 31 mars 1814, et l'heureux retour des Bourbons, a fait disparaître la statue colossale de Buonaparte. Elle a été remplacée par le drapeau blanc. On pense que l'Empereur de Russie a envoyé cette statue en Sibérie.

Nous avons remarqué, vers le 25 du mois de février 1811, un placard sur lequel on lisait : *Passez vite, car il va tomber.*

Rue de la Paix. Cette nouvelle rue, qui portait le nom de Napoléon, a été percée sur le terrain de l'église et du couvent des Capucines, en face de la place Vendôme, et qui va aboutir sur les grands boulevards dits des *Capucines*, et de l'autre côté fait découvrir le jardin des

Tuileries. Depuis long-temps cette magnifique rue était désirée. Les superbes maisons qui décorent cette rue ont été construites en moins de deux ans. On y voit l'hôtel de l'administration du droit du timbre; des magasins dans tous les genres de commerce; le premier des quatre *Panoramas* qui ont été construits à Paris, et un amphithéâtre de Franconi.

Rue Neuve-des-Capucines. Vous voyez à droite, en entrant par la place Vendôme, du côté des boulevards, l'ancien hôtel du lieutenant général de police. M. Bailly, premier maire de la ville de Paris, a occupé cet hôtel en 1789 et 1790.

A côté est l'hôtel du maréchal Berther, prince de Vagram.

De l'autre côté de la rue, presqu'en face, sont les ci-devant hôtels de Mathan et de Villequier d'Aumont.

Au coin de cette rue est la rue Neuve-du Luxembourg. On y voit un cabinet curieux d'anatomie; M. Sue, médecin, y fait un cours de botanique.

Chaussée d'Antin. Tout ce quartier est absolument neuf; l'on a commencé à bâtir en 1779, et, en moins de quatre années, de charmantes maisons et de beaux hôtels ont été construits.

Rue Neuve-des-Mathurins. On y remarque les anciens hôtels *Lepeltier*, *d'Aunay* et celui de *Noé*. Cette rue, traversant la rue de Caumartin, lui fait perdre son nom; sa continuation porte celui de rue *Thiroux*. On voyait vers le milieu, sur la droite, une manufacture de porcelaine, établie sous la protection de la reine.

Lycée Bourbon, aux ci-devant Capucins de la Chaussée-d'Antin, succursale de la paroisse de la Madelaine. Cette maison est située au bout de la rue Thiroux, au-dessus de celle S.-Nicolas.

La rue Neuve-des-Capucins conduit à celle de la Chaussée d'Antin, aujourd'hui rue du *Mont-Blanc*.

Celle qui longe les murs du bâtiment du Lycée porte le nom de rue *Ste.-Croix*, et rend dans la rue St.-Lazare. Cette dernière mène à gauche à la barrière de Clichy, et à droite aux Porcherons, au château du Coq.

C'est au milieu de cette rue qu'est situé le superbe jardin de M. Boutin, ancien trésorier de la marine. L'étendue est d'en-

Quartier de la Chaussée d'Antin. 61

viron vingt hectares (quarante arpens.)

Depuis la révolution, il a été consacré par des entrepreneurs à des fêtes publiques, feux d'artifice, jeux, bals d'été et d'hiver. On le nomme actuellement *Jardin de Tivoli.*

La rue de Clichy devient le grand chemin de Clichy-la-Garenne. Il y a dans la rue de Clichy une école Polymatique.

En revenant sur vos pas, vous arrivez à la Barrière-Blanche, en face de laquelle sont plusieurs cabarets ou guinguettes.

La rue Blanche, qui est du même côté, conduit à la rue Pigale ou Royale, puis à Montmartre.

En rentrant dans la rue St.-Lazare on voit l'établissement des eaux minérales factices. Ce superbe établissement est dirigé par MM. Nicolas Paul et compagnie.

Plus haut, dans la même rue sur la gauche, sont les frères Ruggieri, Italiens, fameux artificiers, qui ont un jardin très-vaste, et donnent, pendant la belle saison, de charmans feux. Ce spectacle agréable est très-fréquenté.

En revenant sur vos pas vous entrez dans la rue du Mont-Blanc. Cette rue se nommait rue de la Chaussée d'Antin, puis

Mirabeau, étant la résidence de cet homme célèbre, qui y est mort le 2 avril 1791 ; tous les bâtimens de cette rue sont beaux. On remarque l'hôtel du cardinal *Fesch*, oncle de Buonaparte ; l'hôtel du banquier Pierrelot.

Au-dessus, sur la droite, est la rue de *Chantereine*, ci-devant *Victoire*, également composée de superbes hôtels. Le général Buonaparte, à son retour de l'Égypte, a logé dans cette rue, dans la maison appartenant à madame de Beauharnais, devenue son épouse.

On y voit le Théâtre Olympique, salle de forme circulaire, et l'une des plus jolies et des plus commodes de Paris.

A peu de distance est la rue de Provence, parallèle à celle Chantereine. C'est encore une rue neuve où l'on voit de beaux bâtimens, entre autres les ci-devant hôtels de *Dudreneux*, de *Gouy-Darcy*, etc.

Rue Neuve des Mathurins. Mademoiselle *Guimard*, célèbre danseuse de l'Opéra, avait fait bâtir une superbe maison du côté des boulevards ; elle représentait le temple de Terpsichore, déesse de la danse. Cette maison était remarquable autant par l'élégance de l'architecture que par sa distribution.

Madame de Montesson, épouse de Louis-Philippe d'Orléans, duc d'Orléans, demeurait dans cette rue, et où elle est morte en 1812.

On remarque, à l'angle de la rue Neuve-des-Mathurins et de la rue Basse, l'hôtel de *Montmorenci*, qui a vue sur le boulevard ; ses deux faces équilatérales sont décorées de colonnes, à l'aplomb desquelles sont des figures ;

Le ci-devant hôtel de Balincourt, et la belle maison bâtie par M. Broignard.

A côté était l'ancien *dépôt militaire du régiment des Gardes-Françaises.*

De l'autre côté du boulevard se présente la

Rue de la Place Vendôme. L'angle droit est occupé par une superbe maison où est la fabrique de papiers peints des frères Robert, successeurs de M. Arthur, qui a fait construire cette belle maison, pour laquelle il a eu un long procès avec le duc de Richelieu, qui réclamait le point de vue dont il jouissait avant la construction de la maison de M. Arthur, qui se trouve en face du fameux pavillon dit d'*Hanovre*, que le duc, à son retour des guerres d'Hanovre, fit construire au bout du jardin de son hôtel, à l'autre angle de la même rue.

Le pavillon d'Hanovre et le jardin ont été un lieu de plaisir public pendant le cours de la révolution : jeux, cafés, restaurateurs, bals, concerts, feux d'artifice, panoramas, fantasmagorie, expériences de physique, etc., etc.

On y voit aujourd'hui le magasin et la manufacture de papiers peints de M. Simon.

L'hôtel de Richelieu a son entrée à l'extrémité de la rue Neuve-Saint-Augustin ; c'est maintenant un hôtel garni meublé magnifiquement. Il y a eu longtemps un restaurateur qui donnait des bals et jeux. La décoration de la cour d'entrée, ainsi que les jardins, sont de l'architecte Louis.

Bains Chinois, boulevard Italien. Ce bâtiment est presque à côté du pavillon d'Hanovre, coin de la rue de la Michaudière ; il règne sur la totalité des bâtimens, au lieu d'un comble, une terrasse formant jardin ; des colonnes tronquées, des arcs de triomphe en treillage, des pyramides et des ruines y font décoration, et servent à cacher les tuyaux de cheminées.

Nouvelle rue de la Fontaine, entre le carrefour Gaillon et la rue de la Place Vendôme. On va toujours avec plaisir voir le spectacle pittoresque et mécanique de M. Pierre, au bout de la rue Gaillon. En reprenant la rue d'Antin, vous entrerez dans la *rue Neuve-des-Petits-Champs*, qui, près de là, se trouve croisée par celles de Gaillon et Neuve-Saint-Roch. Prenant cette dernière, vous gagnez celle de la Sourdière, puis le nouveau

Marché des Jacobins, établi sur le terrain qu'occupaient le couvent et le jardin des Jacobins de la rue S. Honoré. Ce marché est le plus beau, le plus vaste, le mieux distribué de tous ceux de Paris.

C'est dans le couvent des Jacobins que la fameuse Société ou Club dit des *Jacobins* siégeait, à dater de 1790.

Cette société fut d'abord dirigée par Mirabeau, les Lameths, etc., et par suite, par Péthion, Vergniaud, Brissot, et, en dernier lieu, par Robespierre, Danton,

Legendre, Collot-d'Herbois, Billaud-Varennes, etc.

Près l'hôtel de Noailles, où demeure le ci-devant archi-trésorier (Lebrun), est l'ancien hôtel de M. de Boulogne.

La rue du Dauphin, qui est sur la droite, conduit aux Tuileries, par la rue de Rivoli, où était le Manége, local qui a été si célèbre par la réunion des plus grands génies du dix-septième siècle, composant l'assemblée Constituante ou Nationale.

Le Manége était ci-devant une académie royale d'équitation pour la jeune noblesse.

Revenant sur vos pas, et reprenant la rue du Dauphin, vous trouverez en face

Saint-Roch, paroisse. Cette église fut commencée en 1633 par Lemercier, et fut achevée en 1736 par Jules-Robert de Cotte. Le portail avait été dessiné par Robert et de Cotte, son père, et formé des ordres dorique et corinthien. C'est dans cette église que, le 13 vendémiaire an 4 (5 octobre 1796), se réfugia une partie de la garde nationale parisienne qui était aux prises avec la troupe de ligne qui défendait la Convention nationale, sous le commandement de Buonaparte, et dirigeait une pièce de canon qui était dans la rue du Dauphin.

En l'an 11 (1815), le curé de cette paroisse refusa la sépulture à mademoiselle Chamerois, danseuse de l'Opéra : ce curé fut suspendu de ses fonctions pendant trois mois par ordre de Buonaparte.

Rue Neuve Saint-Roch. Cette rue longe l'église, et va aboutir rue Neuve des Petits-Champs.

Les sœurs de la Charité de la paroisse étaient au-dessus du presbytère, et la communauté de Sainte-Anne tout auprès.

C'est dans la maison de cette communauté qu'est le dépôt de l'élixir américain, nécessaire aux femmes en couche.

Vous arrivez dans la rue Neuve des Petits-Champs, où était l'hôtel de la duchesse de Bourbon, et celui du contrôleur-général des finances.

Au-dessus, et du même côté, est une maison bâtie par Louis Leveau, architecte. Cette maison a appartenu à Louis Phélippeaux de Pontchartrain, chancelier de France.

Le ministre de Calonne y a demeuré.

On voit dans cette rue l'hôtel du ministère des finances ; du même côté, l'hôtel du *Trésor public*. C'est le centre où aboutissent toutes les recettes de l'Etat, et d'où sortent tous les fonds destinés aux dépenses publiques.

Administration générale des loteries. Avant la révolution, il n'y avait que la loterie royale. Buonaparte en a établi six qui se tirent chacune trois fois par mois. Il faut espérer que le sage Louis XVIII en réformera plusieurs.

Butte Saint-Roch. C'est dans cet endroit que Jeanne d'Arc, dite la *Pucelle d'Orléans*, se distingua et fut blessée en attaquant Paris, dont les Anglais étaient maîtres. On remarque la Fontaine d'Amour, qui donne de l'eau de la Seine.

Rue des Moulins. C'est dans cette rue que le respectable et célèbre abbé de l'Epée a commencé son institution des Sourds-Muets.

Rue Sainte-Anne, ci-devant *Helvétius*, *près celle des Moulins*. Elle devait son nouveau nom au philosophe Helvétius, qui y avait son hôtel.

On remarque le ci-devant hôtel du comte d'Estaing, amiral de France.

Plus haut, du même côté, était la communauté des Filles Nouvelles-Catholiques, instituée par M. de Gondi, archevêque de Paris.

Cet établissement fut formé sous le titre d'*Exaltation de la Croix*.

La rue *Ste.-Anne* aboutit à la rue Neuve Saint-Augustin. Sur la gauche est l'hôtel ci-devant de Gesvres. Cette maison, élevée par Le Pautre, est des plus régulières. On voyait, entre les arcades dont sont décorées les ailes de la cour, des bustes des empereurs.

Au-dessous, du même côté, l'hôtel de Moy, vis-à-vis les hôtels de Pons et celui de Marsan. Le premier a un jardin qui donne sur le boulevard. En face est la

Rue de Choiseul, qui conduit aux boulevards; la première maison, à droite, était occupée par les *bureaux de la régie générale des aides et droits y joints*.

On remarque encore le ci-devant hôtel de Boufflers, bâti sur les dessins de M. Bonnet, architecte; il a son entrée à l'extrémité, et sa vue principale sur le boulevard.

Le ci-devant hôtel de Brancas fait l'angle de la rue Taitbout, de l'autre côté du boulevard. Cette rue conduit à la *rue de Provence*. On y remarque, en faisant face à celle d'Artois, la

Maison Thélusson, bâtie sur les dessins de M. Ledoux. Elle a appartenu au comte de Pons Saint-Maurice, qui l'a occupée. Le général Murat, aujourd'hui roi de Naples, l'a habitée lors de ses fonctions de gouverneur de Paris.

Rue d'Artois, ou *Cérutti*. Cette rue donne dans celle de Provence et sur le boulevard Italien. Cérutti, membre de l'assemblée nationale, l'un des rédacteurs de la *Feuille Villageoise*, y est mort en 1792.

Toutes les maisons de cette rue sont superbes.

De l'autre côté de la rue est le ci-devant hôtel d'Aubeterre.

Avant de quitter la rue d'Artois, on voit à gauche l'hôtel de Choiseul, et actuellement l'un des plus beaux hôtels garnis de Paris. De l'autre côté du boulevard,

La Rue de Grammont, où l'on voit encore de belles maisons.

Vers le milieu de la rue est le ci-devant ôtel de la Compagnie des Indes.

Remontant la rue de Grammont, et prenant celle Grétry, l'on arrive à la rue de Marivaux, puis au ci-devant

Théâtre Italien ou *Favart*, monument isolé sur trois faces; la principale est décorée d'un avant-corps en saillie, formant péristyle, composé de huit colonnes ioniques, dont six sur la façade et deux en retour, engagées dans le massif du bâtiment; elles soutiennent un entablement surmonté d'un attique, etc.

Ce théâtre devait servir à la grande synagogue des Juifs.

La troupe du théâtre de l'opéra comique, dit *Italien*, est réunie à celle Feydeau.

Les acteurs de l'opéra Buffa ont aussi occupé cette salle. On y donne des concerts.

Toutes les maisons qui composent la place du théâtre Favart sont belles; mais les appartemens sont sombres.

Collot d'Herbois, comédien, puis député à la convention nationale, demeurait rue Favart, à un quatrième étage. Sous son proconsulat, il n'a pas cessé de jouer la *tragédie sanglante*.

En face, de l'autre côté du boulevard, au coin de la rue Lepelletier, est le

Café Hardy. Depuis long-temps le café de madame Hardy a une grande réputation pour les déjeuners à la fourchette, rognons au vin de Champagne, côtelettes, œuf frais, etc. C'est le rendez-vous de tous les agioteurs de la bourse.

A gauche du café Hardy, au coin de la rue Pinon, est le café et restaurant de Le Riche, qui a une grande vogue.

Près de ces cafés est une place de cabriolets, dont les conducteurs connaissent toutes les *accointances* de ces banquiers ambulans.

En longeant le boulevard, on trouve à gauche la

Rue Neuve Grange-Batelière, occupée par de beaux hôtels. Le premier appartenait à la duchesse de Grammont : il y a un joli jardin ; le second hôtel a appartenu à M. de La Borde, fermier-général, puis à M. de La Reynière et au duc de Choiseul.

L'hôtel qui termine cette rue et y fait face formait le fief de la Grange-Batelière ; il appartient à la famille de Pinon, président à mortier au parlement de Paris. C'est un hôtel garni fait pour loger des souverains qui auraient des suites de deux à trois cents valets. Le duc d'Orléans y a logé au mois de mai 1814.

Dans la partie de la rue Neuve-Grange-Batelière qui rend au faubourg Montmartre, était la caserne occupée par la compagnie colonelle du régiment des Gardes-Suisses.

L'on rencontre, entre la rue Neuve-S.-Marc et celle de Ménars, le ci-devant hôtel de Bérulle, en face duquel est celui de Caumont. La maison occupée ci-devant par M. Boutin, l'un des trésoriers-généraux de la marine, est remarquable par la beauté et la distribution de ses appartemens.

Bibliothèque Royale, rue de Richelieu. Cette bibliothèque est ouverte tous les jours, depuis dix heures jusqu'à deux.

Cet établissement est composé, 1° de la bibliothèque proprement dite; 2° du cabinet des antiques; 3° du cabinet des gravures; 4° de la galerie des manuscrits, etc., etc.

Cette bibliothèque doit son origine au

roi Jean, qui possédait environ vingt volumes, d'après ce que rapporte le président Hénault dans son *Abrégé chronologique.*

Charles V l'augmenta de neuf cents volumes, avec cinq ou six manuscrits ; elle était jadis au Louvre, dans la tour appelée de la Librairie. Ce fut Colbert qui la fit transporter où elle est.

Elle s'augmenta successivement, surtout depuis l'ordonnance de 1556, qui prescrivait aux libraires de fournir un exemplaire de tous les livres imprimés chez eux ; mais ce fut sous Louis XIV qu'elle parvint à ce degré de magnificence qui la fait admirer aujourd'hui.

On y compte environ 350 mille vol.

Les curieux y vont voir le Parnasse français, donné par Titon du Tillet ; les deux globes du jésuite Coronelli, construits en 1683, et le Tite-Live à moitié déchiré par une bombe pendant le siége de Lyon : c'est un des plus anciens imprimés qui existent ; il faut le demander au bibliothécaire.

A côté du bâtiment de la bibliothèque est le ci-devant hôtel Talaru, construit depuis trente ans.

L'on voit une fontaine publique de l'eau de la Seine à côté de l'arcade de la rue de Colbert.

En face de la rue de Colbert, était le grand hôtel de Louvois, ministre qui a ruiné la France. Cet hôtel occupait un terrain immense, sur lequel on a percé une rue qui conduit à la rue Sainte-Anne, ou Helvétius, et construit le théâtre de Louvois, dont la troupe, dirigée par M. Picard, passa à l'ancienne salle de l'Odéon.

Académie Royale de Musique, ou l'Opéra, rue de Richelieu, près de la Bibliothèque royale. Cette salle, bâtie en 1793 pour le théâtre de mademoiselle de Montansier, est la plus grande et la plus magnifique de la capitale. Un vaste magasin, auquel on communique sur un pont en fer qui traverse la rue de Louvois, est très-utile pour le service du théâtre. Le décor de cette salle, la construction de ce magasin, ainsi que du pont, ont eu lieu d'après les dessins de M. Delannoy, architecte.

L'établissement de l'Opéra doit son origine à l'abbé Perrin.

La pompe, la richesse des décorations, le luxe et la sévérité des costumes produisent un effet très-enchanteur. Goldini appelait ce spectacle le paradis des yeux et l'enfer des oreilles. On se souviendra long-temps de la représentation de la pièce d'Œdipe, le 17 mai 1814, honorée de la présence du sage Louis XVIII. et de sa respectable nièce Madame la duchesse d'Angoulême. Le public a donné un témoignage non équivoque de son amour pour la famille des Bourbons. Les yeux baignés de larmes, fixant constamment la vertueuse Antigone qui n'était pas celle de la pièce, est la meilleure preuve du plaisir que les Français éprouvaient, en voyant une princesse qui leur est chère par ses malheurs et par ses vertus.

Théâtre Français, rue de Richelieu. Cette salle, commmencée en 1787, et ouverte au public le 15 mai 1790, fut alors occupée par des comédiens qui prirent le nom de *Variétés amusantes* : c'est là que Bordier, Volange et Beaulieu, alors à la mode, faisaient rire les spectateurs.

C'est à ce théâtre que les Français et

les étrangers viennent admirer les chefs-d'œuvre de Corneille, de Racine, de Voltaire, de Molière, de Regnard, de Destouches, de Piron, etc.

On voit avec plaisir, dans la tragédie, Talma (1), Lafond, Saint-Prix, Damas; mesdames Duchesnois, Georges, Bourgoin et Volnay, etc.

Rue Saint-Thomas du Louvre. Les écuries de Buonaparte étaient dans le bâtiment des écuries de Chartres. Ces écuries ont été construites sur les dessins, et sous la conduite de M. Poyet, architecte pour le duc de Chartres, ensuite duc d'Orléans.

Théâtre du Vaudeville. Cette salle, située rue Saint-Thomas du Louvre, fut ouverte le 12 janvier 1792. Le Vaudeville est le spectacle chantant le plus amusant et le plus dans le goût français.

Château-d'Eau, Place du Palais-Royal. L'entrée du Château-d'Eau occupe le fond de cette place; il est au coin de la rue

---

(1) On assure que Talma a dit : « Buonaparte me boude quelquefois de ce que je joue mieux que lui le rôle de tyran. »

Froidmanteau. Il fut élevé en 1719, sur les dessins de de Cotte, architecte; ce château contient des réservoirs d'eau de la Seine et d'Arcueil.

A gauche du Château-d'Eau on voit le *café de la Régence*, fameux pour les joueurs d'échecs, c'est là que Rousseau jouait avec Philidor. C'est dans ce café que l'Empereur de Russie, père d'Alexandre, voyageant sous le nom de comte du Nord, il y a vingt-sept ans, fit un pari d'un louis qu'il gagna pour un coup d'échec qui présentait beaucoup de difficultés. Il n'était pas connu; mais en s'en allant il mit quatre louis dans les mains du garçon limonadier : cette générosité le fit reconnaître.

Athenée de Paris, rue de Valois, au coin de la rue Saint-Honoré. L'Athénée de Paris se nommait ci-devant *Lycée Républicain*, il existe depuis vingt-cinq ans. L'établissement consiste en une bibliothèque, un cabinet de lecture, et plusieurs cours, tels que langue italienne, chimie, etc., etc. La Harpe y faisait son cours de littérature, qui a été imprimé en douze vol. in-8°. M. l'abbé Delille y lisait quelquefois des vers; on y entend des professeurs du premier mérite. Le poëte Chénier y a aussi fait son cours d'histoire et de littérature.

PALAIS-ROYAL.

Depuis la révolution, ce palais a changé plusieurs fois de nom; il s'est d'abord appelé *Palais Royal;* ensuite *Palais Égalité*, *Palais du Tribunat*, enfin *Palais Royal*.

Ce fut le cardinal de Richelieu qui le fit commencer en 1629 par Jacques Le Mercier : on le nommait alors *Palais Cardinal*. Il fut construit sur les ruines des hôtels de Mercœur et de Rambouillet, et achevé en 1636. Richelieu, à sa mort, en fit cadeau à Louis XIII. Après la mort de ce prince, Anne d'Autriche, reine de France et régente du royaume, quitta le Louvre pour venir habiter le palais cardinal avec ses deux fils, Louis XIV et le duc d'Anjou : alors il fut nommé *Palais Royal*. Louis XIV en céda l'usufruit à *Monsieur*, son frère unique, et donna la propriété à son petit-fils le duc de Chartres. Il y existe maintenant très-peu des bâtimens construits par le premier architecte.

Lors de la reconstruction de la salle de

l'Opéra, qui fut brûlée en 1781, on bâtit la façade du Palais-Royal du côté de la rue Saint-Honoré, sur les dessins de Moreau.

Les appartemens de ce palais ont subi plusieurs métamorphoses pendant le cours de la révolution. Après la mort de Philippe d'Orléans, on en fit des salles de vente, des cafés, des tabagies et des salles de jeux; on y donna aussi des bals. En l'an 4 (1796), une commission militaire y fut installée. Il a été occupé par les membres du Tribunat, pour lesquels on avait fait construire une jolie salle. Le président du Tribunat et les deux questeurs logeaient dans ce palais.

Le retour de la famille des *Bourbons* fait rendre le Palais-Royal à son propriétaire le duc d'*Orléans*.

La Bourse se tient provisoirement dans la seconde cour du Palais-Royal.

L'entrée du jardin du Palais-Royal est masquée par deux immenses galeries de bois. On compte cent vingt-cinq boutiques construites en planches de sapin, que la moindre étincelle pourrait consumer en quatre minutes : incendie qui ruinerait tous les marchands qui les occupent, et exposerait en outre les bâtimens voisins.

Les marchands des Galeries de Bois ont reçu plusieurs fois, depuis dix ans, l'ordre de déménager, sous prétexte de la démolition de ces galeries.

Les voyageurs étrangers qui arrivent à Paris commencent par aller au Palais-Royal avant d'avoir pris des renseignemens nécessaires sur ce lieu de rassemblement des plaisirs, des curiosités, de la corruption, et sur le genre de commerce qui s'y fait.

Nous croyons donc rendre service aux étrangers, aux voyageurs, et même aux Parisiens, en leur indiquant les objets curieux que renferme cet endroit, et en les avertissant de ce qu'ils y doivent éviter.

Qui croira qu'un espace de terrain d'environ 15 hectares (150 arpens), renferme plus de matières hétérogènes que 5,304 hectares (9,910 arpens que comporte la ville de Paris?

Malheureusement un trop grand nombre de jeunes gens sans expérience passent leurs plus beaux jours dans cette *contrée*, totalement étrangère aux autres quartiers de cette ville immense.

Lorsque la police cherche un malveillant, elle le trouve dans le jardin ou dans les bâtimens qui l'avoisinent.

La surveillance de la police est beaucoup plus pénible dans ce quartier que dans toutes les autres parties de Paris. (*V.* plus loin l'article *Police.*)

Ceux qui ont connu le jardin du Palais-Royal avant sa nouvelle construction et sa nouvelle plantation, regrettent encore l'ancienne allée des marronniers.

Le cardinal de Richelieu dépensa plus de 300,000 francs pour faire courber les branches des marronniers. Il fit à cet effet poser des cercles de fer à chacune des principales branches.

Ce nouveau jardin est bordé de trois côtés par des corps de bâtimens uniformes, décorés de festons, de bas-reliefs, de grands pilastres composites cannelés, qui portent un entablement, dans la frise duquel on a percé des fenêtres. Une balustrade, dont les piédestaux supportent des vases de distance en distance, couronne ce bâtiment dans toute son étendue. Au rez-de-chaussée, une galerie voûtée en pierre, percée de cent quatre-vingts arcades, donne le jour et l'entrée à autant de boutiques remplies d'objets de luxe et d'a-

Intérieur du Jardin du Palais Royal, côté du Péron.

grément, et éclairées le soir par cent quatre-vingts réverbères; ce qui produit dans ce jardin l'effet d'une illumination. Ces cent quatre-vingts arcades forment un contour entier d'une étendue de plus d'un kil. (un quart de lieue.) La construction de ces arcades en pierre a été achevée en 1786. A cette époque, chaque arcade fut louée 1200 liv., et successivement jusqu'à 8000 l. : la boutique seule se loue 3000 l. Les caves des galeries sont louées, comme les boutiques, un prix exorbitant : elles renferment des restaurateurs, des cafés et des spectacles, etc. Le duc d'Orléans avait fait construire dans le milieu du jardin un cirque où était une salle de spectacle et plus de cinquante boutiques. En 1792 on y avait établi un Athénée des Arts. Au-dessus de ce bâtiment, dont une partie se trouvait sous terre, était un joli jardin. Ce cirque est devenu la proie des flammes le 15 novembre 1798.

Dans le plan arrêté par le duc d'Orléans il devait faire construire une quatrième galerie du côté du palais; mais, en attendant sa construction, il fit construire sur le terrain les cent vingt-cinq boutiques en bois; plus, une galerie vitrée de vingt-une boutiques; autour du théâtre français, cinquante boutiques; au passage du Perron, dix autres boutiques; et le théâtre de la Montansier. Depuis deux ans on a fait de cette salle un immense café, garni de plus de cent belles glaces et de beaux lustres. Il y a constamment un grand nombre de curieux.

C'est dans ce jardin que se sont faits en 1789, à l'époque de la révolution, les premiers rassemblemens. On y arbora la cocarde nationale.

Le 5 mai 1791 on brûla l'effigie du pape.

Le 27 juillet 1792 on y brûla aussi l'effigie du marquis de La Fayette, commandant général de la garde nationale parisienne; et, à la même époque, M. d'Espréménil, conseiller au parlement de Paris, y fut déshabillé et plongé dans le bassin.

En l'an 3, le 7 pluviôse (26 janvier 1795), on y a brûlé un mannequin, représentant un membre du club des Jacobins : les cendres en furent ensuite jetées dans l'égout Montmartre, avec cette inscription : *Panthéon de la société des Jacobins*.

Dans le corps des bâtimens, même dans les greniers, on voit une colonie de femmes galantes, sous la domination de plusieurs mères abbesses, qui leur fournissent des vêtemens à un prix fixé par chaque jour, et selon la nature et la beauté des hardes.

Il y a encore de petits spectacles dans les galeries, le Cosmorama et des Ombres chinoises, etc.

Les cent vingt-cinq boutiques des galeries de bois, qu'on nomme *Camp des Tartares*, sont occupées par des libraires, des opticiens, des marchands de jouets d'enfans et autres, des lingères, des bijoutiers, des marchands de sucreries, de portefeuilles, des marchands tailleurs, des marchandes de modes d'une mise élégante, parmi lesquelles vous remarquez quelques jolis minois à côté de figures ingrates; tous les passans lorgnent ces filles, qui croient voir autant d'amans; la place du comptoir la plus avantageuse est celle la plus voisine de la porte : aussi c'est là qu'on place de préférence les plus jolies; tout est spéculation chez les marchands du Palais-Royal.

On trouve dans ces galeries des gorges factices qui imitent la nature dans toute sa beauté et sa fraîcheur, des hanches, des épaules et même des derrières ; les hommes peuvent s'y procurer des cuisses et des bas avec des mollets artificiels de toutes les grandeurs et grosseurs.

Un découpeur de portraits à la silhouette.

Les choses les plus nouvelles se trouvent au Palais-Royal. Là est déposé tout ce que l'art produit journellement : les objets de luxe sont exposés dans les galeries de pierre, derrière des devantures de boutiques vitrées avec des glaces transparentes depuis le bas de la porte jusqu'au plafond. Il est des marchands du Palais-Royal qui sont dans l'usage de surfaire la valeur du double. Le prix exorbitant de leur loyer, le grand nombre de lumières dont ils éclairent tous les soirs leurs boutiques, les obligent d'avoir recours à ce moyen, qu'on leur pardonnerait volontiers s'ils ne trompaient pas souvent sur la qualité des marchandises. Il n'y a que les libraires qui ne peuvent pas tromper.

Il faut beaucoup de connaissance dans la bijouterie pour ne pas être dupe au Palais-Royal ; car des objets d'une valeur intrinsèque de 72 francs y ont été vendus 550 fr.

L'astuce de certains marchands est portée à un tel point, qu'ils ont des affidés qui se présentent au moment où des étrangers offrent un prix : les affidés en offrent un au-dessus.

« Vous voyez, monsieur, dit alors le « marchand, que je ne peux pas vous le « donner à moins, puisque je refuse à ven- « dre. » Il est cependant des marchands du Palais-Royal qui méritent la confiance du public.

Les jeunes gens du bon ton se font couper les cheveux chez Sainte-Foi et chez Carron, au Palais-Royal, galerie de pierre.

Tailleur unique. Au bout de la galerie de bois, près le Théâtre Français, on remarque les ateliers considérables d'un tailleur qui vous habille entièrement en deux heures : il propose souvent la lecture du *Moniteur*, pendant que l'on vous confectionne habit, gilet, pantalon, sans oublier les guêtres.

Comestibles au Palais-Royal. Les comestibles y sont fort chers, mais on y trouve toujours ce qu'il y a de plus nouveau : par exemple, des fraises et des melons au mois de janvier.

Les marchands de comestibles ont beaucoup perdu par la mort d'une de leurs meilleures pratiques, le baron de Cancale, descendant du fameux duc d'Epernon. Ce baron mangeait des melons et des fraises trois cent soixante douze fois par an : cela rappelle le président de Bonneuil, qui mangeait des épinards deux fois par jour.

On respire, en passant devant les boutiques de cette espèce de marchands, une odeur aigre et désagréable, produite par la réunion du poisson de mer, fromage, fruits, gibier, pâtés, viandes cuites, etc., etc., etc.

Il y a aussi plusieurs dépôts de vins de tous les pays du monde, des contrées même où il n'en vient point. Les bouteilles sont rangées *fraîchement* dans les tablettes, comme des livres dans la boutique d'un libraire.

On y trouve encore des liqueurs des *îles* fabriquées à Paris.

Les cafés principaux du Palais-Royal sont : *l'ancien café de Foy.*

Il y a toujours bonne société. C'est l'un des plus beaux de Paris.

Café de Chartres. C'est le rendez-vous de beaucoup d'agioteurs de la bourse.

Café de la Rotonde, ci-devant *Café du*

Caveau. Il est la réunion de tous les marchands et négocians. Dans l'intérieur on vend de la bière; et sous le pavillon qui est dans le jardin, glaces, sorbets et groseilles, etc. Le soir, cette rotonde est très-bien éclairée; elle sert de fanal aux personnes qui ont adopté cette terrasse, ainsi qu'aux jolies femmes galantes.

Café du Caveau, dit *Sauvage*. Ce café est sous celui de la Rotonde; il est d'un genre mixte. Le matin, déjeunés chauds et froids jusqu'à deux heures. On y donne à dîner à prix fixe. L'affluence est considérable depuis deux heures jusqu'à sept, où tout change de décoration. Le restaurateur disparaît pour faire place au limonadier; mais l'odeur suffoquante du mélange des mets reste, et vous saisit même à la gorge en passant dans la galerie.

On voit tous les soirs dans ce café un homme qui gagne six francs par soirée pour jouer le sauvage, faire des grimaces et des sauts : il frappe si fortement sur des timballes, qu'on l'entend de l'autre bout du jardin.

Café des Aveugles, situé sous le Café Italien. Il y a dans ce café un grand orchestre, composé d'aveugles. Ce café n'ouvre qu'à cinq heures. C'est le rendez-vous de toutes les filles du jardin et de celles du perron : les habituées y ont tous les jours leur demi-tasse *gratis*. Il est divisé en vingt petits caveaux : on y voit de vieux et de jeunes admirateurs des *grâces*. Les jeunes déesses viennent boire le vin du marché : les vieilles restent pour épier le moment où il se présente *quelque godiche* (c'est le mot de reconnaissance.)

On respire un air si fétide et si épais dans ce café, que, lorsqu'on en sort, même au plus fort de l'été, on est saisi par le froid.

Quand on a parcouru le Palais-Royal on est censé n'avoir rien vu si on n'a été au café des Aveugles.

On est assailli dans ce café par plusieurs marchandes, de bouquets, de bretelles, de porte-feuilles, de bijoux, de sucreries, etc. Toutes ces marchandes sont associées, et se distribuent les heures pour leurs tournées.

L'étranger se trouve circonvenu par deux ou trois nymphes qui s'entendent avec les garçons limonadiers pour demander s'il ne faut pas lui servir telle ou telle chose, de manière que l'étranger n'a pas plutôt donné à changer une pièce d'or, qu'il ne lui en reste rien.

Les filous font aussi des tournées pour signaler ceux qu'ils soupçonnent avoir de l'argent ou des bijoux. (Voir plus loin l'article police et filous.)

Café Corazza, fréquenté particulièrement par des Italiens.

Café Valois, surnommé autrefois *Café des Incurables*. Il était protégé par *Malmesbury*. On y joue aux échecs.

Café des mille colonnes, très-joli, orné d'une grande quantité de glaces et de belles colonnes. Il est fréquenté par beaucoup d'étrangers, des militaires et autres curieux. La maîtresse du café passe pour une des plus jolies femmes.

Café des Étrangers. Il y a grand concert tous les soirs.

Café du Commerce, qui tient aussi un restaurant.

Café de l'Europe.

Café Borel, situé dans un caveau : le maître est ventriloque et élève de Fitz-James ; ce qui a fait la réputation du café.

Café Anglais, galerie des Bons-Enfans.

On y converse beaucoup au milieu des bols de punch.

Dans beaucoup de cafés on tient bureau académique ; on y juge les auteurs, les pièces de théâtre ; on y décidait sous Buonaparte de la guerre et de la paix ; d'après les journaux on y remportait tous les jours des victoires, même la veille de l'entrée à Paris des armées alliées.

Chaque café a son bavard ou son orateur. Il en est où les habitués changent d'opinion quatre fois par jour ; ils sont toujours les partisans du dernier ordre de choses.

La police, sous Buonaparte, employait une armée de mouchards dans les deux mille cafés de Paris, pour inquiéter les citoyens.

On admirait à côté du café Anglais *le spectacle de MM. Maillardet père et fils.* Ce spectacle offrait tout ce que l'art mécanique peut produire de plus parfait et de plus curieux ; ce sont des automates, mécaniques, chants d'oiseaux, magiciens, improviseurs, etc.

Restaurateurs. Les principaux sont : *Robert, Naudet, Véri,* chez lesquels on dîne honnêtement pour 18 ou 24 fr. *Clément,* successeur de *Sèvres* ; les frères *Provenceaux* ; le restaurateur à l'enseigne de la *Partenote*, celui au *Lycée des Arts* ; chez *Bertrand*, au *Salon du midi*, au-dessus du Perron ; l'on y dîne pour 2 fr. On peut encore citer *Justa*, *Piat*, *Mareille*, *Carli*, *Muron*, etc., etc.

Galerie vitrée. On nomme cette galerie, qui est très-sombre, *Camp des Barbares*, elle est située du côté du Théâtre Français ; il y a toujours foule le soir. C'est là où les filous font leur apprentissage. (Voir plus loin l'article filous.)

Les marchands d'habits qui y sont établis peuvent facilement vendre du drap rouge pour du noir.

On remarque huit billards, dont plusieurs sont éclairés comme des sépulcres, et comme l'antre des Druides.

On rencontre tous les jours dans cette galerie des bouquetières jeunes et jolies, avec des jupons violets et de ces grands bonnets ronds, qu'on nomme des bonnets *à la désespérée*.

Les souterrains de la galerie vitrée sont curieux pour un étranger ; mais on y respire un air pestilentiel à cause de l'amalgame des matières hétérogènes. On y voit cinq ou six cafés qui se communiquent les uns aux autres, et dans lesquels il y a un théâtre construit sur des tréteaux et un orchestre ambulant. Les premiers acteurs gagnent trente sous par jour, une bouteille de bière et un verre d'eau-de-vie, dont les actrices vous envoient des nausées désagréables. Les acteurs du second ordre n'ont que de la bière.

Artistes-Décrotteurs. C'est bien le cas de dire qu'il n'y a point de petites spéculations à Paris. Ces *artistes* ont huit ou dix garçons. Pour se faire décrotter, on est assis sur un banc de velours d'Utrecht; une glace vous fait face. En entrant, vous trouvez les journaux pour vous distraire : on vous brosse votre habit, etc., etc., et tout cela se fait avec propreté. Les boutiques sont décorées de rideaux de mousseline, relevés avec des glands de couleur.

Un libraire avait formé un établissement de décrottage à côté de sa boutique. Il allait alternativement inspecter ses *sous-artistes décrotteurs*, et venait répondre à ceux qui lui demandaient un *Cicéron* ou un *Virgile*. On remarquait beaucoup plus de monde dans son dernier établissement, principalement des auteurs.

Tous les soirs il y a foule dans les galeries de bois ; il faut avoir soin de tenir ses mains dans ses poches, car c'est le lieu de la moisson des filous pour les montres, les porte-feuilles et les mouchoirs.

Latrines publiques ou *Cabinets d'aisances*. Près les boutiques de bois, sont douze cabinets d'aisances : l'entrepreneur y fait habituellement une recette si considérable, que depuis peu d'années il a acquis de grandes propriétés. Cependant il n'en coûte que dix centimes par séance, et le papier est donné *gratis*. Les cabinets et les cuvettes sont très-propres et sans odeur. La toilette des garçons servans est aussi soignée que celle des garçons restaurateurs ou des limonadiers. Leurs profits leur rapportent quelquefois quarante-huit fr. par jour. Il faut que le concours des nécessiteux et des amateurs soit bien considérable, puisque cet entrepreneur achète par milliers pesant le papier qui s'y consomme. Trois hommes sont occupés journellement à couper ce papier dans les proportions convenables.

Cette spéculation a fait la fortune de plusieurs entrepreneurs. L'un d'eux trouvant une demoiselle en mariage pour son fils, marchandait sur la dot. Le père de la demoiselle, un peu surpris, lui dit : Mais combien donnez-vous en mariage à votre fils? « Combien? monsieur, je lui « cède mon fonds; et je crois que c'est un « joli morceau de pain à manger. »

Le père de la demoiselle, pâtissier de son état, lui observa qu'il y avait des non-valeurs dans son fonds, et que dans le sien ce qui ne se vendait pas le jour, se réchauffait pour le lendemain.

Il manque, dans les différens quartiers de Paris, des latrines publiques. L'on reconnaît l'utilité de celles qui sont établies au Luxembourg et aux Tuileries.

On ne verrait plus le spectacle dégoûtant qu'offre un grand nombre de rues de Paris, et la pudeur et la décence ne se trouveraient plus si honteusement outragées, comme elles le sont journellement.

Il y a environ 36 ans qu'un particulier imagina une garde-robe ployante; il se promenait dans les rues de Paris en robe-de-chambre, tenant sous son bras sa garde-robe ; de temps en temps il criait : *Chacun sait ce qu'il a à faire*. Il faisait payer 4 sous par séance.

On est fort embarrassé dans les rues populeuses, quand le besoin vous presse ; si vous montez dans une maison inconnue, que vous tâtiez aux portes pour trouver les latrines, vous passerez pour un filou, quoique bien éloigné de chercher à prendre.

Beaucoup de personnes sont victimes de ne pouvoir satisfaire ce premier besoin de la nature.

PROMENADE DU JARDIN DU PALAIS-ROYAL.

On y compte 488 arbres. Dans la belle saison, il est embelli par beaucoup d'orangers. La plantation est en général bien ordonnée, mais les arbres viennent avec peine : la hauteur des bâtimens au milieu desquels ils se trouvent concentrés, l'air les étouffe et empêche la végétation.

M. Louis, architecte du Palais-Royal, demandait à un de ses amis comment il trouvait les bâtimens du jardin ; il lui répondit : *ils seraient beaux sans toits*.

Un étranger dit en entrant pour la première fois dans ce jardin : voilà une belle cour, c'est dommage qu'il y ait des arbres dedans.

Dès l'ouverture du jardin on y aperçoit des hommes et des femmes qui cherchent dans les endroits où l'on s'est assis la veille les objets qui pourraient y avoir été perdus. Vers neuf heures les employés de la trésorerie, etc., le traversent sans s'arrêter, excepté les chefs de divisions et de bureaux qui, moins pressés, prennent la bavaroise au café de Foy.

De 9 à 11, des désœuvrés s'y promènent nonchalamment; ensuite des joueurs en linge sale, l'œil hagard, le teint livide, et qui ont perdu la veille tout ce qu'ils avaient, rêvent à pas lents, les mains derrière le dos, aux moyens de se pocurer de l'argent pour la journée.

A la même heure, des femmes galantes qui ont passé la nuit en ville prennent, avant de rentrer chez elles, en été, la carafe de groseille. On reconnaît ces femmes au désordre de leur toilette et à leur air fatigué. On remarque qu'elles changent toujours 5 fr.; elles vont ensuite acheter un chapeau de 30 fr. qui en vaut 12, donnent les deux tiers comptant et paient le surplus par *tempéramens*. Au sortir du jardin, elles se retirent chez elles pour y reposer leurs charmes et prendre de nouvelles forces jusqu'à quatre heures.

Vers midi, paraissent sur la terrasse du Caveau des négocians, des gens d'affaires, qui proposent telle ou telle marchandise, ou tel effet à négocier, ainsi que des ordonnances. D'autres offrent plusieurs sommes d'argent à prêter à un et demi pour cent par mois, première hypothèque, avec les intérêts en dedans.

Dans le milieu du jardin, sous les galeries, des femmes honnêtes, des étrangères, viennent faire des acquisitions en chapeaux, en rubans, etc. Il est rare, lorsqu'elles sont une fois entrées dans une boutique de marchande de modes, qu'elles puissent résister aux minauderies et aux paroles mielleuses des nymphes de la boutique, qui affectent de faire particulièrement beaucoup de complimens sur le bon goût des maris ou des étrangers qui accompagnent ces dames. Lorsqu'ils ont acheté, payé, et qu'ils sont sortis, nos nymphes s'écrient en riant aux éclats : *ah! que cet homme est godiche!*

De trois à quatre heures et demie, vous rencontrez beaucoup de jeunes gens, des commis et des militaires qui ont donné rendez-vous à leurs belles, mises en bourgeoises, pour de là aller dîner aux Champs-Élysées, chez *Doyen*.

On voit ensuite des parasites qui attendent l'heure du dîner chez les grands fonctionnaires publics, et qui se promènent pour gagner de l'appétit.

C'est de cinq à huit heures que tous ceux qui ont dîné au Palais-Royal prennent la demi-tasse et le petit verre. A cette heure, les nuances disparaissent, tout est confondu. Vous ne voyez plus qu'hommes, femmes de tous les états, bonnes (1), enfans, militaires, solliciteurs, négocians : c'est une macédoine universelle. Mais enfin le soleil couché, toutes les nymphes descendent de leurs demeures et se précipitent dans ce jardin, au nombre de plusieurs centaines divisées en trois classes. Celles qui se promènent sous les galeries

---

(1) Nous recommandons aux mères de famille de surveiller les personnes auxquelles elles confient leurs enfans qui souvent sont livrés à eux-mêmes, pendant que les gouvernantes vont retrouver des militaires ou autres à qui elles ont donné des rendez-vous.

de bois et dans les petites allées du jardin, s'appellent les *demi-castors*, celles des galeries sont les *castors*, et celles de la terrasse du Caveau sont les *castors fins*.

Dans cet instant l'affluence du monde est immense. Ce sont, 1° des étrangers et autres amenés par la curiosité; 2° les gardes du corps de nos nymphes, et que l'on appelle *MM les joueurs*, 3° les employés des jeux, 4° les jeunes gens, 5° les vieux libertins, 6° les militaires, 7° les calculateurs de martingales, 8° les marchands de mouchoirs, 9° les marchands de montres d'occasion, 10° enfin les filous, grands et petits et dans toutes les parties. Cette confusion générale dure jusqu'à onze heures, que ce peuple vide le jardin et se rejette dans les maisons de jeux, chez les prostituées, et dans tous les repaires qui environnent et avoisinent l'enceinte de ce jardin.

Une femme honnête doit donc s'interdire, le soir, la promenade dans cet endroit. Le père de famille doit y surveiller ses fils et leur défendre de s'y trouver à cet instant.

C'est le moment du jour le plus actif pour la police.

La variété et la mobilité des tableaux qu'offre à l'observateur, à chaque instant du jour, une enceinte aussi circonscrite, seront pour lui une ample matière de réflexions.

Physionomie des maisons de jeux dont le Palais-Royal est le point central.

Tout est mystère dans les maisons de jeux : rien de plus curieux pour l'observateur que l'intérieur de ces maisons.

On voit en entrant dans la première pièce des hommes qu'on nomme *bouldogues* : leur consigne est de ne pas laisser entrer ceux qui leur sont consignés. A côté sont des hommes à qui on remet son chapeau et sa canne ; ils vous donnent un numéro, que vous rendez en sortant.

Vous entrez ensuite dans la pièce de jeu, où il y a une grande table ovale, autour de laquelle sont assis, ou debout, les joueurs que l'on nomme *Pontes*. Ils ont chacun une carte et une épingle pour marquer la rouge et la noire, afin d'organiser leur jeu.

A chaque bout de la table est un homme assis, appelé *bout de table*, dont les fonctions sont de ne rien dire, mais seulement de pousser l'argent à la banque : il a un air grave comme un ex-président des enquêtes.

Au milieu de la table est celui qui tire les cartes. On appelait ces hommes-là, sur la fin du règne de Louis XIV, *coupeurs de bourse;* mais on a adouci le mot : on les nomme *tailleurs.*

Ces hommes, qui tirent les cartes pour le *trente* et *quarante*, après avoir dit : *Faites votre jeu, Messieurs; Messieurs, faites votre jeu : le jeu ne va plus,* d'un air assuré prononcent les arrêts par ces mots : *Rouge gagne et couleur.... — rouge perd et couleur.....*

A la roulette, les *tailleurs* sont ceux qui, d'une main sûre, mettent en mouvement la fatale boule; et répètent sans cesse : *Rouge, impair et manque; — noire, impair et passe.*

Au *passe-dix*, chaque fois que le joueur renverse le cornet, s'il a amené, par exemple, *douze*, ils disent jusqu'à ce qu'il ait gagné, et souvent jusqu'à huit fois, *j'ai dix, j'ai douze, j'ai treize,* etc., etc.

En face du tailleur, à sa droite et à sa gauche, sont placés des hommes qu'on appelle *croupiers*; leur métier est de payer et de ramasser l'argent. Ils sont obligés, toutes les fois qu'ils touchent à l'argent, de secouer leurs mains, comme aussi de mettre leur mouchoir entre l'habit et le gilet, et d'une manière apparente.

Derrière les *tailleurs* et les *croupiers*, sont des inspecteurs de jeu, dont les fonctions sont d'examiner si on paie bien. Tous ces hommes sont doublés, et font deux séances de trois heures par jour; ce qu'ils appellent *faire leur quart*.

Il y a ensuite des inspecteurs secrets qui ne sont connus de personne; le nombre n'en est point déterminé : leurs fonctions sont de ne rien dire, mais de surveiller et de faire leur rapport à l'administration.

Ensuite, les *messieurs de la chambre* : leur métier est de distribuer les cartes aux pontes, et de les abreuver de bière.

Viennent après ceux qu'on appelle les *maîtres de maison*; ceux-là sont supérieurs, ou ce sont eux qui sont appelés pour juger les différends. Quels juges !

Des lampistes à chaque table.

Des monteurs de bière.

Ensuite le *grand maître*, qui fournit le local, l'huile, le tapis, la bière, etc.

Il a une somme de...., par jour, pour tous ces frais.

Le reste de la pièce est composé de pontes, que l'on divise entre Jean qui pleure et Jean qui rit. On y voit des individus de tout âge. Il se trouve toujours à côté des nouveaux joueurs des hommes qui ont l'air de les protéger, et qui leur disent sans conséquence : Si c'était moi, je jouerais la rouge ou la noire, ou l'inverse. Comme ces hommes ont l'air de connaître le jeu, les étrangers suivent leurs avis : s'ils perdent, les conseillers disparaissent ; s'ils gagnent, ils s'approchent d'eux, les félicitent, leur font entendre qu'ils ont gagné par leurs conseils, et finissent par leur demander 12 fr. à emprunter. Beaucoup d'habitués de ces maisons ne subsistent que de ce genre de commerce.

Quand un homme arrive au jeu, les tailleurs et tous les employés ont le tact de deviner ce qu'il a dans sa poche. Lorsque la somme est digne de fixer leur attention, on lui fait beaucoup de politesses ; on lui offre un siège ; on le place commodément, et s'il ne paraît pas au courant du jeu, on lui explique les *bonnes chances*, c'est-à-dire les écueils.

Tableau des maisons de jeux du Palais-Royal.

Nous avons remarqué au n° 9, dite partie des *arcades*, qu'on y joue au 31, à la roulette et au craspe toute la nuit ; les femmes n'entrent dans cette maison que jusqu'à minuit. Il faut être muni d'une carte de l'administration pour y entrer. Il s'y joue assez gros jeu ; on y fait néanmoins la partie de 3 fr. ; on appelle ceux-là *carotteurs* : ceux qui jouent 50 et 100 louis d'un coup s'appellent *brûleurs*.

A côté du jeu n° 9, était encore il y a deux mois, le bal du prix fixe, que les jeunes gens appellaient *Pinc. C. moral et sentimental*. Ce bal commençait à minuit ; il communiquait aux salles de jeux, qui se prolongeaient, ainsi que le bal, jusqu'à cinq à six heures du matin.

Les femmes qui composaient cette réunion étaient exclusivement des filles publiques habituées. Des cabinets se trouvent au-dessus dans la même maison.

Il n'y avait pas de tableau plus curieux et plus hideux que ces femmes, à six heures du matin ; leurs débauches sont peintes dans tous leurs traits déformés par le vin, la liqueur, le punch, etc., etc., etc.

Il est prouvé que les prostituées habituées de cette maison n'avaient d'existence physique que six mois.

Le restaurateur qui y est établi vend dix fois plus cher que les autres, étant obligé de payer une forte rétribution au propriétaire du jeu, et des gratifications à chacune des filles qui procurent du débit.

Tous les amans ou les souteneurs de ces filles (dits Maq.....) fréquentent ce bal, ainsi que des joueurs, des filous, des voleurs et des assassins (1). Malheur aux jeunes gens qui ont fréquenté deux fois seulement ce séjour d'immoralité, ils sont perdus moralement et physiquement pour la vie; plus de vingt mille en ont été victimes.

Les filles qui fréquentent les maisons de jeu demandent toujours 5 liv. ou 6 liv. pour jouer, ou proposent de jouer à ceux qui ne sont pas habitués.

On remarque que les banquiers traitent

---

(1) Le sage Louis XVIII a fait fermer ce repaire : il faut espérer que les autres maisons de jeux éprouveront le même sort.

ces femmes avec les égards qu'on doit aux femmes honnêtes.

Lorsqu'un joueur gagne quelques louis, en sortant il se trouve en bas de l'escalier sept à huit nymphes qui l'entourent et l'accablent de caresses. La plus rusée lui dit qu'elle le connaît, qu'il est de tel endroit, qu'elle en est aussi ; elle va jusqu'à lui nommer même quelques personnes, alors il tombe tout-à-fait dans le piége. On l'entraîne au café Borel, ou à celui des Aveugles. Là, on prend force punch ; la tête s'échauffe : le limonadier, au fait de ce stratagème, dit à ses garçons : servez donc madame. Les autres nymphes viennent de temps en temps faire une incursion au bol de punch ; ensuite il en vient d'autres : les caresses, les minauderies échauffent l'imagination de notre provincial ; elle saisit cet instant pour lui dire qu'elle est bien malheureuse, qu'elle a été bien établie, mais que les banqueroutes l'ont ruinée ; que tous ses effets sont en gage, et qu'elle n'a plus d'autre ressource que de se jeter à l'eau : ému, attendri, il lui donne quelqu'argent ; mais comme elle sait ce qu'il a gagné, pour avoir le reste elle l'invite à souper.

Ces filles sont instruites par des habitués

de jeux, de ceux qui gagnent, et, par la conversation qu'ils ont eue avec eux, du lieu de leur résidence. Ces émissaires reçoivent des filles une rétribution.

Revenons aux maisons de jeux. Il y a encore une autre pièce garnie de canapés, qu'on appelle la chambre des blessés. Ceux qui ont perdu leur argent sont étendus sur ces canapés, pâles, défaits, dormant la bouche béante, en attendant que quelqu'un veuille bien leur donner trente sous pour dîner le lendemain.

N° 113. Maison de jeu composée de huit grandes pièces; il y a six tables à la roulette, une table de passe-dix et une de biribi. On commence la partie à dix heures du matin et on ne quitte qu'à minuit : chaque table coûte 700 francs de frais : il est difficile de se figurer le genre d'individus qui composent ce rassemblement. On y voit des ouvriers de toutes les classes, des mères de famille qui jouent trente sous, et laissent leurs enfans manquer de pain.

N° 129. Où l'on joue au 31 et à la roulette.

N° 154. Maison de jeu où l'on joue au 31; c'est là que se font les grandes parties. On voit jouer 30, 40 et 50,000 fr. Pendant le séjour à Paris des armées alliées, on y jouait le Pharaon, jeu favori des Russes et des Prussiens.

On remarque dans cette maison des vieilles comtesses avec des souliers à talons, suivi de vieux domestiques qui portent un petit sac d'argent.

Il y avait aux environs de chaque maison de jeu des prêteurs sur gages. Il est des joueurs dont les montres, d'une valeur de 600 francs, ont payé 600 francs d'intérêt dans le courant d'un mois. Aujourd'hui le banquier, pour ruiner plus promptement les joueurs, prête sur gages.

On a remarqué dans l'un des bâtimens d'une maison de jeu un traiteur, un couvent de filles, une maison de prêt, un armurier, et un prêtre logé au quatrième; de manière qu'un joueur ruiné, qui avait quelque souvenir de religion, pouvait se confesser avant de se suicider.

Un joueur s'est brûlé la cervelle sous l'arcade de la cour des Fontaines; un autre s'est jeté par-dessus le pont des Arts.

Un ponte nouveau pour le tailleur se présente-t-il, surtout au biribi, ou au passe-dix; y débute-t-il par ponter gros, et sans suivre ce que l'on appelle les cabales, aussitôt on lui fait un accueil distingué. Messieurs, dit le tailleur, reculez-vous, s'il vous plaît; faites place à monsieur. Monsieur, placez-vous là; vous y serez plus commodément; votre cuillère est trop longue, prenez-en une plus petite; messieurs de la chambre, une petite cuillère à monsieur. S'il se trompe en plaçant son argent, on le reprend avec aménité, on l'instruit avec douceur; monsieur, cette chance rapporte seize fois la mise, celle-ci huit fois, et là seulement quatre fois. Garçon, voilà deux fois qu'on vous demande à boire, monsieur a demandé de la bière. Le ponte est étonné, confus de se voir l'objet de tant de soins; souvent la tête lui tourne....

La plupart des tables de jeu sont garnies de femmes galantes ou entretenues: ont-elles perdu ce que le bon ami en titre a donné ce jour-là, qu'il a souvent soustrait aux besoins de sa famille, vous les voyez rarement affectées, parce que, le lendemain ou le surlendemain, elles comptent bien se dédommager de la perte par celui qu'elles captivent et dont elles précipitent la ruine.

Les Français doivent au Directoire exécutif l'établissement des maisons de jeux en France, moyennant un million par mois. L'un des membres du directoire a reçu d'un coup de filet un million, son secrétaire deux cent mille francs, son intendant dix mille, son valet-de-chambre 200 louis, et le concierge du Luxembourg 25, non compris les entremetteuses qui ont fait obtenir cette permission.

On peut aussi reprocher à Buonaparte d'avoir multiplié ces repaires de la corruption, car on avait établi des maisons de jeux dans les quartiers laborieux, au faubourg Saint-Antoine, dans les rues Quincampoix, Culture-Sainte-Catherine, Dauphine, place Vendôme, rue Grange-Batelière, etc. Indépendamment des jeux du Palais-Royal, il y a encore une maison de jeu rue Dauphine, et une boulevard du Temple, maison dite *Paphos*.

Des commis de négocians ayant joués l'argent qu'ils avaient été recevoir, on avait obtenu que les jeux n'ouvriraient qu'à deux heures; mais la puissance de l'or a empêché le dernier ministre de la police de maintenir long-temps cette sage mesure.

Les négocians de Lyon, Bordeaux, Rouen, etc., se sont constamment opposés à l'établissement des maisons de jeux; ils ont résisté contre les préfets et même contre le gouvernement.

Combien n'y a-t-il pas eu de femmes et d'enfans abandonnés, combien de familles ruinées, combien de banqueroutes, combien de jeunes gens démoralisés et perdus pour la société, combien de suicides ! etc.

Le préfet de police Dub... était intéressé dans les jeux à Paris. Il reçut une fois, en simple cadeau, un carrosse, deux beaux chevaux et des coffres pleins d'or.

Avant la révolution, il n'y avait que deux maisons où l'on jouait aux cartes, mais point de jeux de hasard; encore ces maisons n'étaient fréquentées que par des militaires, des nobles désœuvrés, ou des étrangers. Un commerçant, un fonctionnaire ou un magistrat qui aurait seulement mis le pied sur le seuil de la porte eût été perdu. Aujourd'hui on y remarque des ecclésiastiques, des négocians, des banquiers, et même des conseillers d'état de Buonaparte.

La police, sous Buonaparte, disait : les maisons de jeux sont le rendez-vous des filous, des voleurs, ou des conspirateurs; elles épargnent souvent ailleurs des recherches infructueuses. On pourrait répondre : La passion du jeu produit des filous, des voleurs, même des assassins ; alors ils ne vont plus dans ces lieux les mieux éclairés par la police.

Un écrivain a dit : « Quand il serait vrai « que la passion du jeu ne finit pas toujours « par le crime, toujours est-il constant « qu'elle finit par l'infortune et le déshon- « neur. »

De tous les temps, on a remarqué qu'il y avait moins de voleurs lorsque les jeux étaient prohibés.

Nous devons espérer que le sage Louis XVIII ne se bornera pas à la fermeture qu'il a déjà ordonnée d'une des maisons de jeux du Palais Royal.

En quittant le Palais Royal, nous allons dire un mot sur les *courtisanes*, — *solliciteuses et filles entretenues*, — *femmes complaisantes*, — *filles publiques*, — *matrones*, — *filous et voleurs*, etc.

Courtisanes, solliciteuses et filles entretenues. On donne ce nom à celle qui, couverte de diamans, met ses faveurs à la plus haute enchère, sans avoir quelquefois plus de beauté que l'indigente qui se vend à bas prix. Mais le caprice, le sort, le manége, un peu d'art ou d'esprit, mettent une énorme distance entre des femmes qui n'ont que le même but.

On peut placer les *courtisanes* entre les femmes décemment entretenues et les filles publiques.

Il est des courtisanes à Paris qui tiennent maison, cercle tous les soirs, table de jeux; elles donnent des thés, elles se chargent de suivre un procès; elles disent avoir la confiance des ministres, etc. Elles répondent de faire terminer une liquidation avec le gouvernement, de faire obtenir une place, un généralat, de solliciter auprès des juges; mais, disent-elles, cela coûtera beaucoup; je suis obligée de donner une somme au secrétaire général du ministre, au secrétaire particulier, au chef de division qui doit faire le travail, au chef de bureau qui doit activer l'expédition, au garçon de bureau pour m'introduire, et au concierge pour faire remettre une lettre. Ces courtisanes ne connaissent souvent aucun des personnages qu'elles citent.

Nous avons connu deux de ces dames

qui avaient chez elles plus de cent cinquante de ces demandes pour lesquelles elles n'avaient fait aucune démarche, et dont elles assuraient cependant le succès. Elles appelaient tous ces dossiers *des enfans en pension.*

Femmes complaisantes. Les femmes que nous allons signaler sont malheureusement en très-grand nombre; mais on pourra les reconnaître à ces traits. Sous les dehors les plus honnêtes, elles emploient tous les moyens de séduction pour attirer chez elles telle ou telle jolie femme en l'absence de son mari.

Elles s'introduisent chez les marchandes avec une toilette d'une décence voluptueuse; leurs manières sont recherchées et annoncent plus que de l'aisance. Elles obtiennent ainsi facilement la confiance lorsqu'elles ont acheté plusieurs fois. Le maître de la maison, charmé par leurs manières séduisantes, dit à sa femme : Cette dame est bien aimable, elle a beaucoup d'esprit; et lorsqu'il la revoit il lui fait toutes sortes d'honnêtetés. Telle est la conduite et la sagacité du commerçant en détail envers ceux qui font des emplettes

Femmes complaisantes.

chez lui. La femme complaisante se lie insensiblement avec la marchande dont elle a promis la conquête, et pour laquelle elle a même déjà reçu des arrhes de l'amateur.

La toilette, la mise, forment toujours entre elles le sujet de la conversation : on parle de l'avantage pour une femme d'avoir un mari curieux que son épouse rivalise par la toilette avec la voisine ; elle cite quelques femmes aimables qui sont gênées dans leurs goûts pour leur parure, dans leur dépense personnelle ; elle s'appesantit sur le ridicule et l'avarice de leurs maris à cet égard, et hasarde légèrement et avec adresse, quelque chose sur les moyens que certaines ont employés pour se dédommager de leurs privations *douloureuses*. Toujours aux aguets, toujours attaquant d'une manière cachée et artificieuse, notre séductrice a bientôt deviné le secret de celle dont elle prépare ainsi la chute. Une fois insinuée dans la maison et dans la confiance, lorsqu'elle s'aperçoit que son éloquence insidieuse a produit l'effet qu'elle en attendait, elle invite la femme à venir la voir, à prendre le chocolat avec elle, disant que sa démeure est un séjour enchanteur. Séduite par cette peinture d'imagination, et conduite par la curiosité, notre imprudente se rend à l'invitation. La porte s'ouvre ; elle trouve toutes petites pièces isolées, mais décorées et garnies d'une manière analogue à l'usage auquel on les a destinées. Un peu surprise, elle demande le motif de cet ordre, de cette distribution du local. « Déjeunons, ma chère amie, lui dit notre sirène, et je vais vous expliquer tout cela. Vous paraissez un peu étonnée, et faire des réflexions ; mais vous allez voir combien je suis bonne et complaisante. J'ai deux ou trois amies, femmes des plus respectables, mais malheureuses au-delà de l'expression ; je dois leur connaissance, comme la vôtre, au hasard, et je m'en félicite par les services que je leur rends, et par la tendre amitié qu'elles ont pour moi. Contrariées dans leurs goûts les plus simples et les plus raisonnables par des maris barbares, aujourd'hui la honte de leur sexe, elles ne pouvaient pas se donner la plus légère nouveauté : on comptait avec elles avec une sévérité révoltante ; les cordons de la bourse étaient absolument serrés pour elles, et elles étaient réduites au plus strict nécessaire. Est-il un état plus malheureux pour une femme jeune, aimable, et que la nature a pris plaisir à parer de tous ses charmes? Ce sont les plus jolies femmes qu'œil humain ait jamais vues : je ne peux mieux vous les peindre qu'en vous les comparant en tout. »

Cette conversation commence à émouvoir la femme mécontente de son mari ; elle promet de revenir quelques jours après. L'amateur, prévenu du jour et de l'heure, se trouve là comme par hasard : on déjeune ensemble ; on propose une partie de spectacle ; mais, pour faire perdre au mari la trace de cette intrigue et du coup qu'on lui prépare, on arrête un déjeuner à la campagne. Voilà le premier pas fait, les autres n'éprouvent presque plus d'obstacle, et le sacrifice est consommé ; mais le ménage se désunit...........

Plusieurs marchands de Paris ont eu à se repentir d'une telle confiance dans ces intrigantes, qu'on devrait marquer sur le front, afin qu'elles fussent faciles à reconnaître.

Madame B***, femme d'un marchand rue Saint-Denis, fut trouvée par son mari dans l'une de ces maisons à parties, où lui-même avait un rendez-vous pour une conquête.

Ces femmes complaisantes se travestissent aussi en marchandes à la toilette : elles s'introduisent principalement chez les femmes de fonctionnaires publics, d'employés, d'hommes de loi, etc. Elles saisissent les heures de l'absence des maris, et portent des choses très-nouvelles pour engager à acheter. Elles disent : Je viens de vendre tel objet à Madame.... ; l'on m'a adressée à vous; si vous n'avez pas d'argent, je vous ferai crédit ; vous me paierez comme tant d'autres femmes, de manière que votre mari ne s'en aperçoive pas ; je vais vous donner mon adresse ; vous trouverez chez moi tout ce qu'il y a de plus nouveau.

Beaucoup de femmes, d'abord honnêtes, ont donné dans le piége, et les suites de leurs démarches inconsidérées ont été funestes.

Matrones ou maq......... Il n'est pas de moyens que ces femmes n'emploient pour avoir ce qu'elles appellent du *gibier frais*. Pour en attraper, elles épient les jeunes

Astuces des matrones.

filles à la promenade, chez les marchandes de modes, les lingères, les filles de boutique dans tous les genres de commerce : elles s'adressent aux couturières, aux brodeuses, qui peuvent leur procurer une ample moisson ; elles font demander de la marchandise, ou des ouvrières pour travailler ; elles suivent les promenades pour les petites bonnes d'enfans ; se trouvent à toutes les fêtes publiques, à tous les bals, aux spectacles ; elles s'introduisent dans les grands cercles, assistent aux distributions de prix des pensions de demoiselles : on les voit même dans les églises les jours de grandes fêtes. D'autres se trouvent à l'arrivée des diligences, et examinent s'il n'y a pas de la *marchandise pour leur commerce* ; elles se présentent dans les hôtels garnis, sous le costume de marchandes à la toilette. Il en est qui voyagent, parcourent les campagnes pour débaucher les pauvres filles, sous le prétexte séduisant de les rendre plus heureuses. Il est des hommes qui font cet infâme commerce. M. Bertrand-Rival, professeur de physiologie et d'accouchement, dit dans son ouvrage : *Il y a à Paris tant de vieux pénards à amuser, qu'il faut bien que les* campagnes fournissent des filles, puisque les prostituées des villes sont toutes infectées.

La mère de famille doit encore prendre des précautions en confiant ses jeunes filles à des gouvernantes d'enfans; on en a vu procurer des petites filles de huit à dix ans.

Filles publiques. On lit dans les Mémoires de D. Vincent Bacalard *Y Sanna*, marquis de J. Philippe, pour servir à l'histoire d'Espagne, sous le règne de Philippe V, que les Portugais qui s'étaient déclarés pour l'archiduc, étant venus camper aux environs de Madrid, les courtisanes de cette ville résolurent entre elles de marquer leur zèle pour Philippe V, et qu'en conséquence celles qui étaient les plus sûres de leur mauvaise santé se parfumaient, allaient de nuit au camp des Portugais, et qu'en moins de trois semaines il y eut plus de six mille hommes de cette armée ennemie dans les hôpitaux, où la plupart moururent.

Saint-Foix dit qu'il a ouï discuter le cas de conscience sur la conduite de ces filles, pour savoir si elles avaient péché en se prostituant aux Portugais, et si leur action n'était pas corrigée par l'intention de servir la patrie. Le docteur qui soutenait qu'elles n'avaient pas péché disait que puisqu'il est *permis de massacrer l'ennemi, de brûler, de saccager les villes et d'employer toutes sortes de moyens pour affaiblir ses forces, à plus forte raison est-il permis de lui donner la v.....*

Saint Louis voulut détruire la prostitution. Son ordonnance de 1254 porte que toutes les femmes et filles qui se prostitueront seront chassées, tant des villes que des villages ; que leurs biens seront saisis ; qu'elles seront même dépouillées de leurs habits ; que les maisons de ceux qui les auront logées seront confisquées.

Charles VI, en 1224, prit sous sa protection spéciale les prostituées de la ville de Toulouse. Voici le préambule de son ordonnance :

« Savoir faisons à tous présens et à venir que, ouï la supplication qui nous a été faite par les filles de joie du bordel de notre grande cité de Toulouse, pour qu'elles ne soient nullement inquiétées par nos officiers de notre ville, etc., etc. »

Rétif de La Bretonne a proposé, pour

ôter au vice ce qu'il a de plus redoutable, son effronterie, d'exiger que les filles portent des voiles.

Les rues Saint-Honoré, d'Orléans, Croix-des-Petits-Champs, de Thionville, de Bussy, les quais, et en général presque tous les quartiers de Paris sont empoisonnés de ces filles dès le soleil couchant.

Les filles ou matrones disent à leurs élèves : Il faut aller aujourd'hui faire le pavé dans tel ou tel quartier ; c'est-à-dire changer de poste, pour faire de nouvelles connaissances. Les filles qui courent les rues sont appelées *impures* par celles qui font leur métier sans sortir de leur domicile.

FILOUS ET VOLEURS.

Piéges qu'ils tendent aux étrangers qui arrivent à Paris, et même aux habitans de cette grande ville.

Le nombre des filous, des voleurs est dans une ville en raison de sa population. Paris en a une armée qui viennent de tous les pays. A Londres, il y a plus de voleurs que de filous ; l'Anglais dédaigne de fouiller dans les poches, il a honte d'une subtilité ; il attaque ou il enfonce les portes. Dans Paris la ruse du vol est plus commune que la violence ; l'adresse veille le jour et la nuit, il faut tout garder, tout serrer ; une porte ne reste pas impunément entr'ouverte ; les mains vigilantes des filous, qui se glissent à pas de loup, se portent invisiblement sur tout, et l'on n'oserait confier, même pendant le jour, aucun objet à la foi publique.

Les filous sont très-bons physionomistes et anatomistes, ils devinent ce que vous avez dans vos poches, ils connaissent l'effet de tous les mouvemens du corps humain ; la main qui soutire une montre ou un porte-feuille est légère et souple ; mais elle s'est exercée sur un mannequin suspendu, qu'il faut voler sans qu'il vacille.

On n'est reçu dans la bande infernale que lorsque l'on a fait preuve d'adresse.

Les filous et voleurs sont organisés ; ils ont des règlemens, ils distribuent des grades en raison *des services rendus à la société. L'administration* est composée de ceux qui, depuis plusieurs années, ont fait preuve de grande subtilité.

Lorsqu'un filou a commis une faute

grave contre les *intérêts de la société*, il est interdit pendant un certain temps de *ses fonctions*, c'est-à-dire qu'on le force d'être honnête homme pendant un délai prescrit; et si, au mépris de *la loi* faite par *l'administration*, il s'avisait de voler et d'apporter les objets à la masse, l'administration discuterait pour savoir si l'on fera remettre l'objet volé; mais un filou nous a assuré que jamais rien n'avait été rendu. Il nous ajouta : « Si vous saviez, Monsieur, « combien il y a d'intrigans et de mauvais « sujets parmi nous ! *L'administration* fa- « vorise des hommes qui n'ont rendu au- « cun service, et qui, au préjudice des « *bons sujets*, obtiennent des grades. »

Le conseil d'administration de ces messieurs délibérant sur les intérêts de la société, l'un des membres annonça avec douleur l'arrestation d'un de leurs élèves, il dit : « Par quelle fatalité le nommé..... âgé de 14 ans, à peine entré dans la carrière, et ayant donné les plus grandes espérances par son intelligence, est-il dans les fers ? Cette victime, qui faisait à merveille le mouchoir, allait passer à la montre. Je propose que le conseil *d'administration* emploie toutes ses protections pour obtenir la liberté d'un enfant qui peut devenir l'un des meilleurs sujets de la société à qui il appartient, qu'en attendant il ne lui manque rien dans sa captivité. »

Les filous et les voleurs, ayant à combattre une inspection vigilante, ont besoin de plus de ruse et de souplesse.

La défense est devenue aussi ingénieuse que l'attaque ; il faut donc qu'ils aient recours à des astuces nouvelles. Les chefs tiennent des cours de filouterie ; souvent, un projet passe à la *censure* de dix *professeurs* dans ce genre.

Ils ont des registres, non pas par *doit* et *avoir*, mais pas *pris* et *gardé*. Ils ont des correspondances dans toutes les villes, les vols faits à Paris se vendent à Bordeaux, Marseille, Nantes, etc. Les vols faits dans les départemens sont envoyés à Paris. Les filous qui sont dans les prisons de Bicêtre, hors des murs de Paris, et dans les autres prisons, sont instruits jour par jour des vols qui se font ; ils savent combien il faut voler de montres dans un spectacle, lors de la représentation d'une nouvelle pièce.

L'ordre est donné de manière que ceux qui exécutent ne peuvent tromper ; tout est enregistré ; ils ont des ouvriers qui démontent les mouvemens des montres et en font des envois à leurs correspondans.

Les filous et les voleurs en prison ne manquent jamais d'argent (1), *l'administration* leur procure tout ce dont ils peuvent avoir besoin ; et lorsqu'ils sont condamnés aux fers et qu'ils ont été dignes des premiers grades, la caisse leur fournit les moyens de s'évader. Ils ne se dénoncent point, un pareil délit serait puni sévèrement, et le coupable serait déclaré indigne d'être membre de la bande.

Les chefs des filous et voleurs ont les formes agréables, une mise élégante ; ils parlent bien, ils sont instruits sur presque toutes matières, s'introduisent dans les meilleurs cercles, mangent chez les restaurateurs les plus renommés, fréquentent les grands cafés. Ils sont continuellement à l'Opéra, aux Français, à Feydeau, aux Italiens, ils occupent les premières loges, ils observent leurs agens qui sont

---

(1) Madame Émasle, seule marchande de vin des prisons de Bicêtre, devine par une consommation extraordinaire, que la veille il a été fait un grand vol à Paris. C'est un thermomètre qui ne manque jamais.

au parterre, font la conversation avec les étrangers, leur font remarquer les beaux passages de la pièce, et finissent par savoir leur pays, leur domicile à Paris, et soulèvent provisoirement leur montre ou le ridicule de la dame.

C'est ordinairement au Palais-Royal qu'ils se réunissent tous les jours ; c'est dans cet endroit, avant dîner et le soir, que le mot d'ordre se donne. Les filous se trouvent à l'arrivée des diligences, soit aux barrières, soit aux bureaux. D'autres sont chargés de voyager, de faire connaissance avec les personnes qui sont dans les voitures ; ils savent combien il y a d'argent pour le compte du gouvernement sur les diligences, etc.

Ils suivent les audiences du palais de justice pour connaître les personnes qui gagnent des procès pécuniaires.

Ils lisent les Petites-Affiches, pour ceux qui ont des fonds à placer.

Ils s'introduisent chez les banquiers sous prétexte de négociations.

Ils assistent à toutes les grandes cérémonies religieuses.

Ils s'introduisent dans les familles le jour d'une noce.

Ils se trouvent à tous les incendies, et, sous prétexte de donner du secours, ils volent.

Ils se sont fait recevoir dans les sociétés populaires; pendant la révolution, ils étaient les orateurs par excellence.

Ils visitent les loges des Francs-Maçons. Ils ne négligent aucun des moyens qui peuvent leur procurer la facilité de faire des dupes.

Dans les rues ou à la promenade, lorsque quelqu'un s'aperçoit qu'il a été volé, souvent il se trouve entouré par des complices qui semblent lui indiquer le filou qui se sauve; et lorsque le vol a été fait par un enfant, ils l'arrêtent eux-mêmes, en lui disant, *petit coquin, tu mériterais bien que l'on te conduisît chez le commissaire de police;* ils lui donnent du pied dans le cul, et le laissent évader. Les spectateurs de bonne foi approuvent la correction et la fuite du filou.

Il est dans les filous de très-bons mécaniciens, serruriers, etc.

Les orfèvres de Paris peuvent rendre de très-grands services à la police en retenant des objets volés, dont ils ont reçu le signalement. Mais les filous et les voleurs sont plus en sûreté pour vendre leurs vols à certains juifs.

On a vu des filous ramasser une bague ou autre bijou faux, et se disputer entre eux pour la valeur de l'objet : un particulier témoin de la découverte, et à qui on propose honnêtement de la partager, offre un prix, alors l'un des filous dit : Je vais faire estimer cet objet chez le premier bijoutier ; il revient et dit : cela est estimé 72 fr., plus ou moins. Le particulier qui ignore ce genre de friponnerie donne une partie du prix de l'estimation, et souvent le prétendu bijou ne vaut que 24 s. ou 3 fr.

Chez les restaurateurs, ils tiennent conversation avec celui qu'ils soupçonnent nouvellement à Paris, remarquent, lorsqu'il paie au comptoir, s'il a beaucoup d'or, le suivent dans toutes ses démarches, finissent par savoir son adresse, son nom, et ne tardent pas à le dévaliser.

Il leur est arrivé plusieurs fois de rapporter une montre volée et sur laquelle il y avait le nom du propriétaire : c'était un motif de s'assurer d'une nouvelle capture plus importante.

D'autres vont visiter des appartemens à

louer, enlèvent sur la cheminée montres, bijoux ou porte-feuille; ils savent que tel locataire est sorti avec son épouse, qu'il ne rentrera qu'à minuit, et avec de fausses clefs ils s'introduisent dans l'appartement.

Il est des filous qui vont en voiture acheter du drap, de la toile, des mousselines ou des bijoux; ils disent au marchand: Vous enverrez dans deux heures à mon hôtel; mon secrétaire vous paiera. Monsieur, dit le vendeur, emportez toujours. Après quelques façons ils emportent, et l'hôtel est introuvable.

Ils vont encore plusieurs ensemble chez un marchand. Le plus beau parleur occupe la maîtresse, lui fait des complimens; pendant ce temps-là un paquet est emporté.

Ils louent un bel appartement dans un hôtel garni; s'introduisent dans les grands cercles; jouent les négocians étrangers; parlent plusieurs langues, et sont de tous les pays.

D'autres suivent les jardins publics, surtout le matin. Là, ils reconnaissent l'homme arrivant à Paris, qui admire la beauté du palais des Tuileries, du Luxembourg, du Jardin des Plantes; lient conversation, vantent la beauté du monument ; ils ajoutent : Il y a beaucoup de belles choses à voir à Paris ; j'ai vu hier un superbe tableau (ou toute autre chose curieuse) dans une maison ; ils détaillent le sujet : si monsieur désire le voir, je lui donnerai l'adresse. — Vous êtes bien honnête, monsieur. — Cela n'est pas bien loin d'ici : si c'est votre chemin je vous y conduirai. On arrive dans un endroit où il y a un billard ou une table de jeu ; mais la personne qui a la clef du salon où est le beau tableau vient de sortir : si vous voulez, monsieur, en attendant faire une partie ? — Je vous remercie, monsieur ; et vous ne sortez pas sans avoir été escroqué.

Le soir, dans les quartiers peu fréquentés, ils demandent l'heure à un homme bien couvert, qui, complaisamment, s'approche du premier réverbère pour la leur dire au juste : on lui enlève sa montre.

Dans les fêtes publiques, toutes les issues sont encombrées par le mouvement qu'ils font faire : ils sont certains de voler dans le même instant tel nombre de montres ou porte-feuilles.

Ils vont chez un restaurateur commander à dîner pour dix à douze personnes, arrivent deux ou trois, enlèvent l'argenterie.

Dernièrement un filou, ayant tous les dehors d'un honnête homme, met son couvert dans sa poche après dîner; la femme du restaurateur s'en aperçoit, et par une présence d'esprit admirable, ajoute à sa carte 36 fr. *pour un couvert*; le filou paie sans rien dire.

Les filous vont chez un banquier ou riche propriétaire, prévenir de la part de la police qu'on doit voler chez lui le lendemain à dix heures du soir : le vol a lieu le même jour.

Deux filous se présentent chez une dame veuve le jour du mariage de sa fille; ils la préviennent que souvent des filous s'introduisent dans les noces. Ils l'invitent à prendre des précautions : cette dame les remercie beaucoup. Deux montres et une tabatière d'or qui se trouvaient sur la cheminée sont enlevées.

Les filous demandent le chemin pour aller dans telle rue à ceux qui leur paraissent être étrangers, qui ne peuvent par conséquent la leur indiquer; ils se lient de conversation, et insensiblement conduisent l'étranger dans un endroit suspect.

D'autres marchent dans la rue d'une manière très-préoccupée, se jettent sur vous, vous demandent excuse, et votre montre est volée. Il faut encore se méfier de ceux qui font les ivrognes le soir.

Les filous suivent aussi ceux qui lisent les affiches au coin des rues.

Ils se trouvent à tous les bureaux de spectacles, au grand bureau de la poste aux lettres.

Ils suivent la bourse et les caisses publiques.

Ils connaissent les propriétaires qui paient exactement leurs impositions.

Ils font adresser des caisses, venant d'Allemagne ou des grandes villes de France, avec une lettre de voiture sur laquelle il est dit qu'il y a telle somme à rembourser.

Ils envoient des boîtes contenant des dragées de Verdun ou des bijoux.

Il y a trois ans qu'une femme va louer une boutique et un appartement au premier, rue des St.-Pères, sous prétexte de faire un dépôt de chapellerie de Lyon. Après avoir bien examiné le local, elle dit au propriétaire qu'elle désirerait faire un escalier dans la boutique, qui communiquât à l'appartement, afin d'éviter de sortir pour aller au premier.

Il est décidé que l'escalier peut se pratiquer ; au bout d'un mois l'ouverture est faite, la boutique reste toujours fermée, en attendant quatre prétendues voitures de chapeaux.

Elle fait construire un petit bureau contre l'ouverture de l'escalier. Elle avait posé adroitement douze boîtes de carton contre le grillage, de manière que l'ouverture ne puisse se découvrir. Elle va chez un changeur près le Palais-Royal, demande 50 mille francs en louis d'or contre des billets de la banque de France, disant qu'il lui fallait cette somme pour le lendemain, deux heures. Le changeur n'ayant pas la somme complète en or, lui demande son adresse, et promet qu'à une heure on la lui portera.

Cette femme recommande d'envoyer des balances pour peser les louis, voulant éviter les difficultés qu'elle pourrait éprouver dans le voyage qu'elle doit faire.

Le lendemain, le changeur n'ayant pu compter les 50 mille francs, lui envoie un à compte de 30 mille francs, avec la promesse de lui fournir le surplus dans la journée. Cette femme était dans son petit bureau, reçoit et pèse les louis les uns après les autres, en fait des rouleaux de cinquante, met le tout dans un sac, le lie avec précaution, feint de le mettre dans son bureau pour donner de suite les billets ; elle disparaît par une échelle qu'elle avait placée à l'ouverture, sort par la boutique et monte dans un cabriolet qui l'attendait au coin de la rue. La police n'a pu encore la découvrir. Cette femme avait combiné ce tour de filouterie depuis plus de trois mois.

D'aprés ce fait, s'il est possible de tromper un marchand d'argent, principalement du Palais-Royal, personne n'est à l'abri d'être volé.

Le commissaire de police, M. Peysonneaux, a découvert que cette femme avait un autre domicile rue Saint-Benoît, à une portée de fusil de la rue des Saints-Pères, et qu'elle en avait disparu le matin du jour de l'escroquerie.

D'après ce que nous venons de dire, on voit qu'il est possible d'avoir plusieurs logemens à Paris, dans le même quartier, sans être connu.

Les filous ont plusieurs logemens, plusieurs noms, plusieurs états : l'un fait la banque, dit-il; l'autre fait la commission dans l'étranger, celui-ci suit un procès, un recouvrement ; enfin aucun moyen ne leur manque pour exercer leurs brigandages. Il en est qui tiennent cercle chez eux, d'autres annoncent des fêtes, etc.

Un étranger arrivant à Paris ne doit se lier avec qui que ce soit, à moins qu'il ne le connaisse bien.

Avant la révolution, les filous se décoraient du cordon bleu et de la croix de S. Louis. Plusieurs filous, sous l'habit militaire, décorés de la Légion d'honneur, se sont introduits dans diverses maisons sous prétexte de donner des nouvelles de leurs enfans aux armées.

M. *Dezera*, ministre plénipotentiaire de Portugal à la Haye, à son passage à Paris, il y a quatre ans, où il séjourna trois semaines, dînait chez un restaurateur dans les galeries du jardin du Palais-Royal ; à une table à côté de la sienne se trouvaient deux particuliers qui s'entretenaient d'une superbe fête bourgeoise qui devait avoir lieu le soir ; ils ajoutèrent que cette brillante fête serait composée d'une bonne société et de beaucoup d'étrangers, etc.

Piéges des filous et voleurs. 139

M. *Dezera* leur dit : Voudriez-vous, Messieurs, me dire dans quel quartier cette fête doit avoir lieu. — Avec plaisir, Monsieur : vous êtes sûrement étranger? — Oui, Messieurs. — Nous avons, Monsieur, un billet de plus; si vous le désirez, nous vous l'offrons. M. Dezera accepte le billet et se rend au lieu indiqué. Quelle fut sa surprise de ne trouver que trois hommes dont la figure n'inspirait aucune confiance. Ces trois individus lui dirent : Monsieur vient pour la fête ? — Oui, Messieurs. — Donnez-vous la peine d'entrer. Il passe dans une seconde pièce où il n'y avait personne. M. Dezera ne se déconcertant pas, malgré la certitude du danger auquel il était exposé, prend à part l'un des trois particuliers dont la figure lui inspirait moins de crainte, et lui dit : Je suis assuré que vous êtes des fripons, mais je vous observe que je suis ambassadeur étranger, que s'il m'arrive quelque chose dans cette maison, la police fera les recherches les plus sévères, et vous serez découverts. J'ai sur moi dix louis; faites-moi sortir, je vous les donnerai. Le filou, après avoir réfléchi un instant, prend la somme et le conduit jusque sous la porte cochère, en lui faisant donner sa parole d'honneur de ne rien dire pendant son séjour à Paris. Il a tenu parole. Nous tenons ce fait d'un étranger qui le tient de M. Dezera, à la Haye.

Les filous s'introduisent encore dans les sociétés où ordinairement on ne se connaît pas; ils se trouvent aux cérémonies de mariage : les parens de la demoiselle les croient alliés ou amis de son futur, qui de son côté les prend pour des parens de la mariée : alors il y a non-seulement des montres et de l'argenterie volées, mais aussi des bagues en donnant la main aux dames pour danser, et les *ridicules* disparaissent en les conduisant à leurs voitures.

D'autres louent un bel appartement, demandent à en jouir un mois avant le délai expiré pour entrer en jouissance, sous prétexte d'une réunion d'amis. Ils s'informent s'il y a un bon traiteur dans le quartier, se font servir à dîner plusieurs fois, paient bien, lui commandent un repas de vingt-quatre ou trente couverts, et l'argenterie est enlevée.

Deux filous dans une superbe voiture, deux laquais derrière, vont chez un riche bijoutier demander des diamans pour, disent-ils, une dame étrangère qui est indisposée ; ce qui l'empêche de venir choisir elle-même. Le marchand porte avec lui ce qu'il a de plus précieux : on le présente effectivement à une femme dans son lit ; elle fait son choix. Monsieur, dit-elle, ces objets me conviennent ; je désire pourtant les voir au jour : je vais me lever, donnez-vous la peine de passer dans l'autre pièce. Le bijoutier attend une heure, frappe à la porte : personne ne répondant, il s'adresse au portier, qui lui déclare qu'il n'y a point de femme dans cet appartement, mais bien quatre particuliers qu'il ne connaît pas, puisqu'ils ne sont dans la maison que depuis deux jours, et qu'ils viennent de sortir.

Une autre dame ayant pour 50 mille francs de diamans à vendre, fait venir un joaillier, qui lui dit que pour le moment il n'a point de placement; mais qu'il viendra aussitôt qu'il s'en présentera. Huit jours après, deux particuliers viennent de la part du marchand joaillier, font des offres raisonnables, et le marché ne se conclut que le lendemain. Madame, disent-ils, comment voulez-vous être payée, en or, en argent ou en billets de caisse? — Vous me feriez plaisir, Messieurs, répond la dame, en me donnant de l'or. Demain, Madame, nous vous apporterons la somme en or. Mais quelle garantie nous donnerez-vous que vous nous conserverez les diamans, que vous ne ferez pas un marché avec d'autres personnes, si elles vous donnent un meilleur prix. Nous pensons que vous devez mettre le tout dans une boîte, que nous cachèterons nous-mêmes avec notre cachet : voilà, Madame, une boîte. Adroitement ils substituent une pareille boîte toute cachetée, et la dame attend encore la somme en or. Le commissaire de police qui fit l'ouverture de cette boîte n'y trouva que des petites pierres. On a vu plusieurs de ces *honnêtes gens* substituer, dans de pareils marchés, des diamans faux aux vrais.

Un filou entre dans l'étude d'un notaire à huit heures du matin ; n'apercevant aucun clerc, passe dans le cabinet du notaire, qui était occupé à travailler. Ce filou, ne le voyant pas, s'avance contre le secrétaire, et dès qu'il aperçoit le notaire il ne se trouble pas, il va à la cheminée, sur laquelle il y avait une superbe pendule, il leve le verre, comme pour remonter la pendule; le notaire croit que c'est un garçon horloger, se plaint de la négligence de son bourgeois. Le prétendu garçon l'excuse, et dit : Si monsieur voulait, j'emporterais la pendule pour la régler. Le notaire y consent, et la pendule disparaît.

Il faut encore se méfier de ceux qui s'introduisent dans un appartement, sous prétexte de demander une adresse. Lorsqu'ils ne voient personne dans les premières pièces, ils enlèvent tout ce qu'ils trouvent. Beaucoup de femmes font ce métier; elles dépouillent des petites filles que leurs bonnes ou leurs mères négligent trop souvent à la promenade.

Les filous se réunissent sur une place publique, dans un carrefour, dans une rue très-passagère : là, ils se disputent pour faire assembler les passans, qui bonnement cherchent à les mettre d'accord; pendant ce temps les montres disparaissent.

Il faut éviter les réunions qu'occasionent les escamoteurs : c'est dans le moment qu'ils font reculer le cercle pour faire leurs tours, que les filous, mêlés avec ceux qui regardent, enlèvent mouchoirs et montres.

Lorsqu'un filou a volé une montre d'or, il dit avoir fait *une bogue jaune*, et *une bogue blanche* pour une montre d'argent. Il est des filles publiques qui sont très-adroites dans ce genre de filouterie : souvent le soir elles entourent un homme dans la rue, et lui enlèvent sa montre.

Un particulier se promenait à midi aux Tuileries : des filous s'aperçurent qu'il avait une tabatière d'or dans la poche de sa veste ; mais ils remarquèrent qu'il tenait toujours sa main dans sa poche : ils le suivirent jusqu'à la grille du côté des Champs-Élysées. Là, l'un d'eux lui frappe fortement sur l'épaule, le particulier se retourne aussitôt : le filou lui dit : *Monsieur, c'est ainsi que cela se fait.* Pendant ce temps, l'autre filou lui enlevait sa tabatière et disparaissait ; celui qui avait donné le coup ajouta fort honnêtement : Pardon, pardon, Monsieur, je croyais vous connaître.

Un filou sachant qu'il y avait dans la maison d'un notaire une chambre à louer, s'y introduit furtivement, y quitte ses

Piéges des filous et voleurs. 145

habits, passe bien vite une robe-de-chambre et des pantoufles qu'il avait apportées, et va chez un horloger qui demeurait près de là, s'annonçant comme clerc de notaire, et lui dit : nous faisons dans ce moment un mariage riche et on demande des montres, vous pourriez en vendre trois ou quatre ; mais il faudrait venir de suite, car il va arriver un autre horloger ; l'horloger lui dit : si vous voulez avoir la complaisance de prendre la boîte de montres à répétition, je vais porter celle de montres unies, et je vous suis. Le filou entre bien vite dans la chambre, quitte sa robe-de-chambre et file avec la boîte de montres, dans laquelle il y en avait au moins vingt. L'horloger arrive un instant après dans l'étude du notaire et lui dit : Monsieur, voici les montres unies que vous avez fait demander par M. votre clerc. Le notaire lui répond qu'il n'a pas quitté l'étude depuis une heure, et que personne n'est sorti. Il eut beaucoup de peine à le désabuser.

On exerce encore à Paris un genre de filouterie, mais marqué sous le point de vue d'utilité publique. Ce sont certains bureaux de placemens pour un emploi de caissier, etc. Il vous faut, dit-on, donner en écus un cautionnement de 1500 francs. Après bien des pourpalers la somme arrive, mais la place reste en route.

Il y a aussi des bureaux de mariage. On propose une demoiselle ou une jeune veuve ayant dix mille francs de rente ; mais elle désire une fortune égale à la sienne. Un particulier se présente au bureau : on lui demande la communication de ses titres de propriété, après avoir exigé un à-compte pour les frais de bureau. Le particulier demande à connaître celle qui s'est fait annoncer ; on lui promet un rendez-vous ; ensuite mille obstacles s'opposent à l'entrevue : a-t-elle lieu, c'est avec une fille qui a reçu les instructions du directeur du bureau pour jouer son rôle.

Il importe beaucoup d'être prévenu contre les piéges que tendent les filous, même dans les églises les jours de fêtes solennelles, principalement dans les plus fréquentées, telles que Notre-Dame, Saint-Roch, Saint-Eustache, Saint-Sulpice, etc. Le gouvernement a sagement défendu toute espèce de musique pour la messe de minuit ; mais, malgré cette précaution, souvent les temples religieux deviennent les théâtres de l'immoralité et du vol.

Sans la surveillance de la police, les voleurs auraient fait, à la messe de minuit 1805, dans l'église Saint-Roch, une grande moisson. Ils s'étaient distribué des rôles de manière à compromettre ceux que la dévotion ou la curiosité y avaient conduits. Ces filous avaient répandu plusieurs bouteilles d'une eau fétide, afin de faire fuir précipitamment les femmes, et de provoquer le tumulte; mais la police ayant été avertie à temps, a fait cerner l'église, et à minuit personne ne pouvait plus y entrer, on laissait seulement sortir. On a arrêté un grand nombre de voleurs.

En 1806 des voleurs réunis à la messe de minuit à Saint-Eustache, furent déjoués par des agens de police, abandonnèrent leur spéculation, et vinrent de suite à la paroisse Saint-Germain, où ils firent une bonne moisson de montres et mouchoirs.

C'est encore dans les spectacles, et particulièrement à l'Opéra, aux Français, à Feydeau, aux Variétés, au Vaudeville, surtout les jours où on donne des pièces nouvelles, que les filous exercent leur brigandage avec plus de succès.

Les chefs des filous distribuent les rôles, et arrêtent entre eux que tel ou tel doit rapporter tant de *bogues jaunes*, c'est-à-dire, de montres d'or, de ridicules, de capotes, de schals, voiles, tabatières, etc.

Ces fripons, très-bien vêtus, lient conversation avec ceux qui doivent être leurs victimes. Ils ont dans les premières loges, au balcon, dans les baignoires, des femmes qui leur sont affidées, et qui feignent de faire connaissance avec eux, afin d'inspirer de la confiance aux personnes qui sont dans la même loge.

Les filous qui sont au parterre se tiennent ordinairement contre les baignoires; et dès qu'ils ont décidé de dévaliser un individu quelconque, ils sortent du spectacle les premiers, ou se tiennent dans les corridors; d'autres se placent aux différentes issues, offrent la main aux dames pour monter en voiture, et pendant ce temps ils les volent.

Pour sa sûreté, on ne doit accorder aucune confiance ni lier conversation avec qui que ce soit, quelle que soit la mise ou la décoration, dans les spectacles ; car les fripons, qui sont très-adroits et très-impudens, se travestissent de toutes les manières ; ils se tiennent aussi dans les différentes entrées des parterres où il y a foule, parce que c'est dans les flux et reflux qu'ils volent.

Je ne crains pas d'avouer que, malgré les avis que je donne contre cette horde malfaisante, j'en ai été la victime quinze jours après avoir publié la première édition de cet ouvrage. Étant dans une baignoire à l'Opéra avec deux dames, j'observais les différens mouvemens que dirigeaient des filous aux entrées du parterre, un particulier, qui me paraissait honnête, était appuyé sur le devant de la loge que nous occupions, et désapprouvant par sa conversation tout ce qui se passait, il convenait qu'on devait prendre beaucoup de précautions pour ne pas être volé. Deux fois il me demanda quelle heure il était, en tirant une superbe montre garnie de diamans qui, disait-il, n'allait pas. J'eus l'imprudence de lui laisser voir ma montre à répétition, et en sortant du spectacle il me la vola. Ayant avec moi deux dames que je tenais sous le bras, je ne crus pas devoir sortir par la grille qui sert d'issue à tout le monde. nous prîmes la grille du côté de la rue de Louvois, où il n'y avait personne ; mais au moment où nous passions cette grille, un particulier très-bien couvert nous pousse pour passer ; l'une des dames qui étaient avec nous se plaint ; il répond avec impudence : *Qu'est-ce que c'est ? qu'est-ce que c'est ?* Le même particulier avec lequel j'avais conversé au spectacle se trouve précisément là, il a l'air de prendre notre défense, et c'est dans ce moment que je suis volé.

Il est donc presqu'impossible d'échapper à ces coquins, lorsqu'ils vous ont mis sur leur liste de leurs *victimes*. Les hommes qui sortent des spectacles avec deux femmes qu'ils tiennent par dessous le bras, doivent prendre les plus grandes précautions, parce qu'il est difficile de se garantir des fripons dans la foule.

Quoique la police ait des agens dans les spectacles, qui ont les signalemens de presque tous les filous, elle ne peut empêcher le grand nombre de vols qui s'y commettent. Souvent, quand les spectacles finissent très-tard, plusieurs de ces agens se retirent d'avance chez eux, et, au moment de la sortie, vingt ou trente voleurs s'emparent de toutes les issues et entourent ceux qui sortent ; on n'échappe aux piéges de l'un que pour retomber dans ceux d'un autre.

Il faut aussi se bien garder de dire le quartier où l'on demeure, car plusieurs personnes ont été volées pendant le spectacle par cette imprudence.

Dernièrement un particulier arrête un filou en sortant du théâtre de l'Opéra, et l'accuse de lui avoir volé sa montre; le filou lui dit : « Monsieur, ne me perdez « pas; ce n'est pas moi qui vous ai pris « votre montre; mais en voilà une. » Le particulier satisfait se retire chez lui; mais quelle est sa surprise d'avoir une montre bien supérieure à la sienne !

Il faut se garder encore, lorsqu'on a une tabatière de prix, d'offrir ni de laisser prendre du tabac; car les filous y glissent adroitement un petit plomb attaché à un fil de soie, et à peine a-t-on remis sa tabatière dans la poche, qu'ils la retirent. Les filous appellent cela *pécher des tabatières à la ligne.*

Voici encore un trait qui prouve combien les filous savent se contrefaire et prendre toutes les physionomies.

Une dame étant à la grand'messe à S.-Sulpice, avait sur une chaise devant elle son ridicule, où était une tabatière en or, qui disparut. A côté d'elle était un particulier qui semblait prier Dieu avec piété. A la fin de la messe, cette dame s'aperçoit que sa tabatière lui manque; elle la cherchait sans soupçonner personne. Ce particulier lui demande le sujet de ses recherches; elle le lui dit, en ajoutant que ce qui lui faisait de la peine, c'est que sa tabatière était un cadeau de son mari, dont le portrait était dessus. Le voleur feint de prendre beaucoup de part à l'événement, sort avec elle de l'église, lui offre de la reconduire; elle le remercie beaucoup en disant qu'elle allait rendre une visite dans une maison où elle devait dîner : elle eut l'imprudence de nommer les personnes et de dire leur adresse; elle ajouta même que son mari devait venir la rejoindre pour dîner aussi sur les quatre heures et demie.

Le filou, profitant de ces instructions, va au domicile de la dame, et demande de sa part à la domestique douze couverts d'argent pour la personne chez laquelle devaient dîner son maître et sa maîtresse, parce que, disait-il, il était survenu beaucoup plus de monde à dîner que les personnes n'en attendaient. La domestique, ne le connaissant pas, refusa d'abord de les lui donner ; mais le filou lui dit : « Votre méfiance est louable ; mais, « pour vous prouver que vous ne devez « avoir aucune crainte, voilà la tabatière « de madame, qu'elle m'a confiée, et « qu'elle m'a dit de vous montrer. » La domestique, d'après une preuve aussi irrésistible, lui remit les douze couverts qui éprouvèrent le même sort que la tabatière.

Nous recommandons aux chefs de maisons de ne jamais laisser en leur absence des enfans seuls, crainte d'incendie, et de ne pas confier leur maison à un domestique seul, qui ne peut prévoir tous les piéges que tendent les voleurs.

Rien n'échappe aux filous qui, pour la plupart, sont nés avec un génie inventif qui fait le malheur de la société. Ils envoient des paquets, des malles, des paniers remplis de pierres, pour lesquels ils font payer des ports considérables. Non-seulement ils trompent impunément les personnes qui reçoivent ces objets, mais ils les exposent très-souvent à être compromises dangereusement ; car, il y a quelques années, des voleurs ont mis dans des malles des cadavres de personnes assassinées.

Un historien raconte qu'en 1787 un homme qui venait de recevoir un paiement chez un notaire, retournait chez lui dans un carrosse de louage. Le cocher ne se souvenant plus du nom de la rue qu'on lui avait indiquée, descendit de son siége et ouvrit la portière pour le redemander. Il trouva notre homme roide mort. A sa première exclamation le monde s'amassa. Un filou qui passait fend tout à coup la presse, et d'une voix lamentable et pathétique, il s'écrie : *C'est mon père ! malheureux que je suis !* Et donnant toutes les marques de la plus vive douleur, pleurant, sanglotant, il monte dans le carrosse, embrasse le visage du mort. Le peuple fut touché et se dispersa, en disant : *Le bon fils !* Le filou fit marcher le carrosse et les sacs d'argent ; et s'arrêtant à une porte, il dit au cocher qu'il voulait prévenir sa sœur du funeste accident qui venait d'arriver. Il descend, ferme la portière, et laisse le mort dépouillé de tout ce qu'il avait sur lui. Le cocher ayant attendu long-temps, s'informa vainement dans la maison du jeune homme et de sa sœur ; on ne connaissait ni elle, ni lui, ni le mort.

Avant la révolution on faisait, à la réquisition de l'archevêque, la chasse aux abbés qui allaient voir des filles. Ces abbés n'avaient pour tout caractère que l'habit violet ou marron, quelquefois le manteau court et le petit collet. C'était surtout dans les promenades du soir que ces abbés accostaient les filles.

Un filou s'était avisé de s'habiller en exempt de police, parcourait les promenades, et dès qu'il voyait un de ces abbés parler à des filles, il ne le perdait pas de vue. Lorsque l'abbé sortait, il allait à lui, et montrant tout à coup son bâton d'ivoire, il lui disait : *Vous savez ce que vous venez de faire, monsieur l'abbé ; je vous arrête de la part du roi.*

Le pauvre abbé, tremblant, montait dans un fiacre, et osait enfin demander où on le conduisait. *Au Châtelet*, répondait le faux exempt. *Au Châtelet. Ah, monsieur!* Il tâchait d'attendrir le conducteur, en lui représentant combien sa réputation en souffrirait. Bientôt l'inexorable exempt composait avec son prisonnier, et lui tirait tout l'argent qu'il avait en poche.

Il suivait ce métier lucratif, lorsque le lieutenant de police en ayant été informé, fit déguiser un exempt en abbé, lequel joua dans les Tuileries le rôle convenable pour attirer le faux exempt. Quand il vint à lui montrer son bâton et l'ordre du roi, l'abbé en tira un autre de sa poche, en lui disant : *voici le véritable, monsieur ; suivez-moi.*

On vit ce qu'on n'avait pas encore vu, un exempt en manteau court arrêter un homme en habit bleu et le conduire réellement au *Châtelet*, où il avait feint d'en conduire tant d'autres.

On fit à ce sujet une gravure représentant un exempt en rabat, transpirant sous la calotte : l'imposteur qui avait endossé l'habit n'avait qu'une teinte de cet œil hardi et pénétrant, qui devine et en impose aux escrocs. La surprise, les deux bâtons croisés, l'audace terrassée, tout cela faisait un sujet très-piquant.

Il est encore un genre de filouterie que des femmes exercent; ce sont les *dépouilleuses d'enfans*.

Ces femmes infâmes épient les enfans qui sont les mieux habillés; elles ont des dragées, et, après les avoir amadoués, elles les conduisent dans une allée et les déshabillent; et lorsque l'enfant crie, l'une de leurs complices gronde l'enfant, dit qu'il faut le fouetter.

Il y a deux ans, une petite fille de quatre ans ayant été ainsi dépouillée le soir, alla se cacher sous un banc de pierre à côté d'un hôtel, faubourg Saint-Germain. Cette petite fille ne criait pas par pudeur, dans la crainte d'être vue dans cet état de nudité.

De tous les temps il y a eu beaucoup de filous et de voleurs à Paris, mais autrefois le nombre n'en était pas aussi considérable qu'aujourd'hui; les grandes routes étaient beaucoup plus dangereuses.

Voici deux anecdotes sur deux hommes, dont la mémoire ne s'oubliera jamais:

Le maréchal de Turenne fut arrêté la nuit aux environs de Paris par des voleurs; ils lui prirent sa montre, ses bijoux et son argent; il réclama une bague, non à cause de sa valeur, mais parce qu'elle lui venait d'une femme qu'il aimait. Il offrit cent louis aux voleurs si on voulait la lui envoyer le lendemain. L'un des voleurs lui demanda son nom, son adresse et son heure; à l'heure indiquée la bague est reportée, et Turenne compte la somme.

Près de Pantin, un voleur salue le maréchal de Saxe, monte à la portière le chapeau à la main, tenant dessous un pistolet. Il lui dit : il me faut deux cents louis, et surtout que vos gens ne s'aperçoivent de rien. Le maréchal répondit : je ne les ai pas sur moi. — A quelle heure voulez-vous que je passe à votre hôtel? — A dix heures. — Cela suffit.

On annonce le lendemain la personne qui a parlé sur la route au maréchal. Faites entrer. Le domestique se retire. Vous n'avez donc pas craint que je vous fisse arrêter? — Non, lorsque le maréchal de Saxe donne une parole d'honneur, l'on doit y compter. Le maréchal lui donne les cent louis, plus cent autres pour son audace.

Il faut suivre pendant huit jours les

audiences de la cour de justice criminelle ou correctionnelle, pour être instruit de leur adresse. Les filous connaissent le code criminel; ils savent que tel article ne les condamne qu'à la détention ou aux fers pour tant d'années. Il en est qui ont eu la hardiesse de dire aux juges en plein tribunal : Vous ne pouvez nous condamner que pour deux ans de fers; mais nous vous déclarons que dans deux mois nous serons à Paris. Cela est arrivé à plusieurs de ces coquins, et qui ont été arrêtés de nouveau.

Voici plusieurs traits dont nous avons été témoins, qui prouvent la témérité audacieuse de ces coquins.

Nous étions alors jurés de jugement; le président demanda à l'accusé son nom; lequel, répondit-il, j'en ai plusieurs? Vous avez été arrêté sous tel nom, je prends celui-là. Le président : — Votre état ! — Je suis voleur. — Accusé, je vous ordonne de répondre avec le respect que vous devez à la justice. — Je vous observe, M. le président, que je vous dis la vérité; je ne sais pas mentir, je suis voleur, c'est un état comme un autre; je fais ce métier en homme courageux : il y a des voleurs dans toutes les fonctions publiques, qui sont plus lâches que moi, ils volent sans craindre d'être arrêtés : et moi j'ai fait preuve de courage, je suis dans les fers. Il fut condamné à vingt ans de fers; il dit : M. le président, j'ai vingt-deux ans, j'ai déjà été condamné à dix ans de fers ; vous me condamnez à vingt, si je subissais mes deux condamnations j'aurais donc cinquante-deux ans. Je vous donne ma parole d'honneur que dans trois mois, jour pour jour, je serai à Paris, et ferai une affaire qui en vaudra la peine.

Effectivement il fut rencontré sur le Pont-Neuf trois mois après par un huissier du tribunal, qui lui dit : Te voilà donc, coquin. — Oui, je suis venu à Paris pour une opération de cent mille francs; c'est la dernière que je ferai, je me retire en province pour vivre tranquillement.

Il est possible que ce fripon soit propriétaire d'un château.

Un autre, condamné à vingt ans de fers, promit de faire un vol sous trois mois chez le magistrat de sûreté Saucède. Le vol eut lieu. Arrêté de nouveau, il se plaignit à ce magistrat qu'il avait fait une mauvaise opération chez lui, qu'il croyait trouver beaucoup plus d'argenterie, mais que le bocal de cerises l'avait dédommagé.

Il y aurait vingt volumes à faire sur l'histoire des filous et des voleurs. Notre article paraîtra peut-être trop long; mais nous ne saurions trop inviter nos lecteurs à se pénétrer des dangers de cette horde pestilentielle.

Terminons notre promenade au Palais-Royal.

Nous avons oublié de dire qu'on voyait dans la seconde cour du Palais le cabinet littéraire de M. Roza, ci-devant de madame Brigitte Mattey. Ce cabinet est l'un des plus anciens et des mieux ordonnés. Indépendamment d'un magasin de livres bien assortis, il y a à côté un restaurateur.

Passage du Perron. Ce passage qui n'a pas huit pieds de largeur, contient douze petites boutiques; libraires, marchandes de modes, magasin de petits pains et gâteaux, artistes décrotteurs, etc. Si l'on faisait payer cinq centimes à tous ceux qui traversent ce passage, où l'on reçoit sans cesse des coups de coude, la recette par chaque journée se monterait à plus de 1500 fr. Il est des marchands qui louent quatre pieds carrés de terrain 800 fr. par année.

Passage du Perron

Au bout du Perron, en face de la rue Vivienne. C'est là où une partie des nouveaux riches de la révolution ont fait leurs premières études, lors du commerce de l'argent. Nous en avons vu plusieurs qui, pour se garantir du froid pendant l'hiver, avaient des sabots, un mauvais pantalon et un bonnet de poil. Là on vendait des maisons et des terres sur échantillons.

Combien de ces marchands d'argent ont actuellement de beaux châteaux, de beaux hôtels à Paris, de belles voitures, qui éclaboussent leurs camarades moins heureux, et qui sont encore réduits à vendre, au même endroit, la liste des numéros sortis de la loterie, et les journaux.

D'autres agiotaient sur les bons de rentes payables le lendemain; leurs gains consistaient dans la différence de la livre au franc, d'autres vendaient des sous. Viennent ensuite des décrotteurs, des commissionnaires et des porteurs d'eau.

Le pâtissier qui est au coin de la rue Neuve-des-Petits-Champs et du Perron fait un commerce considérable en brioches, pâtés, biscuits, etc. A côté du pâtissier est le spectacle de M. Olivier.

Le 21 janvier 1791, entre six et sept heures du soir, un bijoutier s'arrêta sur le passage du Perron du jardin du Palais-Royal, pour acheter des oranges. En même temps il demande à la marchande : Combien vaut l'argent aujourd'hui ? — 6 et demi et 7. — Le bijoutier répond : Jusqu'à ce qu'on ait pendu un marchand d'argent, il haussera toujours. Ce propos fut entendu par plusieurs de ces marchands, rôdant autour de la fruitière achalandée. Ils se rassemblent en un clein-d'œil au nombre de quarante ou cinquante. L'un d'eux souffle les chandelles, et plonge un poignard dans le ventre du citoyen, pour le payer de sa franchise; le bijoutier tombe roide mort.

Peu de jours après, un jeune homme fut assassiné pour avoir applaudi à la mesure qu'on venait de prendre de chasser du Perron les marchands d'argent.

Dans la même année un négociant de province eut l'imprudence de vouloir terminer au Perron une négociation importante. Un particulier lui fait des offres avantageuses ; elles sont acceptées; il le conduit dans une maison située dans le quartier le plus reculé de la Chaussée-d'Antin, et l'infortuné négociant y trouve la mort.

Le passage de Radzivill, donne rue des Bons-Enfans; il est aussi fréquenté que celui du Perron. Si l'on n'en avait pas ferré les marches, il faudrait les renouveler tous les huit jours. On y voit des marchands en tous genres; gravures, porcelaines, figures en bronze ou l'imitant; grosse mercerie en cuivre doré ou de la couleur, et toujours des marchands de comestibles, ainsi que des artistes décrotteurs : ce passage est très-sombre; les filous le fréquentent souvent.

Le coutelier qui est à l'entrée, du côté du Palais-Royal, est très-renommé depuis plus de trente ans.

Cette maison a douze étages d'élévation. Avant la nouvelle construction du Palais-Royal, le premier étage servait de cave.

Rue Vivienne. Cette rue commence au Perron du Palais-Royal, et aboutit en face du passage Feydeau, rue des Filles Saint-Thomas.

On voit aux deux angles de la rue Vivienne et de la rue Neuve des Petits-Champs, à droite, tous les bureaux de l'*administration du trésor public*. C'était autrefois les bureaux de l'administration des domaines du roi, et les bureaux des *insinuations*, du *timbre*, et celui de conservateur des *hypothèques* pour les lettres de *ratification*.

L'hôtel qui est à gauche est la demeure du ministre.

On a réuni à cette administration le ci-devant bâtiment de *la Bourse*, qui a son entrée principale à gauche de la rue Vivienne. M. Boullée, architecte du roi, en a décoré la façade en 1784, par une suite d'arcades d'une charmante proportion; elles sont flanquées à leurs extrémités de deux pavillons. La corniche d'ordre dorique, surmontée d'un petit attique, servait aux ateliers de l'impression des billets de loterie. Depuis quinze ans on a fait de grands changemens dans l'intérieur de cet hôtel, qui a été l'ancien palais Mazarin.

En 1628, un jardinier fouillant la terre pour déraciner un arbre dans l'endroit où se tenait encore en 1798 *la Bourse*, y trouva neuf cuirasses qui avaient été faites pour des femmes : on n'en pouvait pas douter, à la façon dont elles étaient relevées en bosse et arrondies sur l'un et l'autre côté de l'estomac, et qu'elles étaient pour des héroïnes : mais on ignore dans quel siècle elles vivaient. Mézeray cite, à l'article de la *croisade prêchée par saint Bernard*, l'an 1147, que plusieurs femmes ne se contentèrent pas de prendre la croix, mais qu'elles prirent aussi les armes pour la défendre, et composèrent des escadrons de leur sexe, rendant ainsi croyable tout ce qu'on a dit des prouesses des Amazones.

Dans la maison de M. de Saint-Moris étaient les *Bureaux du trésorier général des états de Bretagne*. Du même côté, *la Caisse d'escompte*, qui avait été établie par arrêts du Conseil, des 24 mars et 22 septembre 1776.

Au-dessus, l'hotel Talaru; en face l'ancien hôtel Colbert.

Avant la révolution, il y avait très-peu de boutiques dans la rue Vivienne ; à présent c'est l'une des plus brillantes de Paris pour le commerce de la bijouterie, orfévrerie, chapelerie, draperie, soierie, magasins de comestibles, marchandes de modes, marchands de porcelaine, de curiosités, des libraires, et le cabinet littéraire de M. Gagliani, ou l'on trouve une immense quantité de livres étrangers dans toutes les langues, etc.

L'église des Filles Saint-Thomas, décorée de pilastres et d'arcades, est succursale de la paroisse de Saint-Roch. On construit sur le terrain de l'ancien couvent un palais pour la Bourse.

Palais de la Bourse. Dirigé d'après les plans de l'architecte Brongniar, il aura la forme de parallélograme; il a deux cent seize pieds de longueur sur cent cinquante de largeur. Le Tribunal de Commerce siégera dans cet établissement. Le stylobate ou soubassement des quatre faces du palais a huit pieds de hauteur; au-dessus du soubassement s'élèvent soixante-six colonnes d'ordre corinthien, qui ont près de quatre pieds de diamètre : elles forment péristyle autour du palais. Le palais est isolé de toutes parts, au nord et au sud, par des espaces de cent deux pieds de distance de la colonnade aux bâtimens environnans, etc.

Passage Feydeau. Ce passage, un peu sombre, conduit à la rue du même nom. Des boutiques garnissent les deux côtés. Au bout est le théâtre de l'Opéra comique, réunion des deux troupes de Feydeau et de la salle des Italiens.

Rue des Colonnes, située d'un bout à

la rue Feydeau et de l'autre rue des Filles Saint-Thomas, où il y a des bains.

Cette rue est bien nommée, car de chaque côté il y a des colonnes ; dessous, des trottoirs ; les boutiques sont très-sombres et ne se louent pas facilement. L'architecte qui a ordonné la construction de cette nouvelle rue ne doit pas s'en glorifier.

Vous revenez par la *rue Croix des Petits-Champs*, très-large du côté de la place des Victoires, et devient très-étroite en arrivant à la rue Saint-Honoré.

Passage Montesquieu, ci-devant *Cloître Saint-Honoré*. Il y avait l'église collégiale Saint-Honoré, fondée en 1204 par Reynol Cherius et Sibille sa femme, où il y a de superbes bains. Ce passage, où il se fait beaucoup de commerce, a quatre issues, une, rue Saint-Honoré, l'autre, rue Croix-des-Petits-Champs, une, rue des Bons-Enfans, et l'autre, rue Montesquieu, où l'on voit de très-beaux bains.

Rue du Chantre, l'une des rues désignées, par saint Louis, pour les prostituées. La rue du Chantre était alors hors de Paris. Tous les jours vous y rencontrez des filles publiques plus dégoûtantes les unes que les autres.

Rue de Grenelle Saint-Honoré. Elle tient au carrefour de Sartine et aboutit rue Saint-Honoré. C'est dans cette rue que, le 9 juin 1572, Jeanne d'Albret, mère de Henri IV, mourut dans la troisième maison après l'ancien hôtel des Fermes.

Rue d'Orléans Saint-Honoré. Il y a des bains publics. Bal d'été et d'hiver à l'hôtel d'Aligre. C'est le rendez-vous des coquettes.

Rue des Bons-Enfans. Les comtes d'Armagnac y avaient un hôtel.

En retournant rue Saint-Honoré, on trouve à droite la *rue du Coq*, qui conduit à l'une des portes latérales du Louvre. Toutes les maisons sont neuves, bien bâties et uniformes. La congrégation de l'Oratoire, peu d'années avant la révolution, a fait construire toutes les maisons du côté gauche.

On voit dans cette rue plusieurs libraires, des marchands d'estampes, et un café. Il faut surtout s'arrêter devant la boutique du libraire Martinet, qui publie tous les jours de nouvelles caricatures. Le devant de sa boutique est constamment garni de *gobes-mouches* ou *musards*, dits *de la rue du Coq.*

Un peu plus haut du même côté rue Saint-Honoré, est l'*Eglise de l'Oratoire,* de la ci-devant congrégation des prêtres de l'Oratoire, aujourd'hui l'un des temples du culte protestant.

Cette maison était le chef-lieu de cette congrégation, qui fut instituée le 11 novembre 1611 par Pierre de Bérulle.

Il est sorti de la congrégation de l'oratoire des sujets du premier mérite.

Le grand Bossuet a dit de cette congrégation : *C'est un corps où tout le monde obéit, et où personne ne commande.*

Le bâtiment des anciens oratoriens est occupé par

Le conseil des prises,

L'administration des hypothèques et de l'enregistrement.

On y compte plusieurs sociétés savantes.

Société des sciences lettres et arts,

Société de statistique,

Société galvanique,

Sociétés des observateurs de l'homme, d'agriculture, de philosophie chrétienne, de médecine; cette dernière société donne des consultations gratuites tous les mercredis depuis deux jusqu'à quatre.

De l'autre côté de la rue de l'Oratoire était l'hôtel du comte d'Angevilliers, intendant des bâtimens du roi, dont le jardin occupait une partie du terrain de la place du Louvre.

LE LOUVRE (1).

Plusieurs écrivains ont fixé son origine dès les rois de la première race ; d'autres disent qu'il fut bâti dans un bois par Philippe-Auguste, en 1217, ce qui lui fit donner le nom de *Château du Bois*; il y fit construire une tour qui servait à renfermer les prisonniers d'état et qui a passé pour le principal manoir ou chef-lieu de la couronne, parce qu'on y gardait le trésor et les archives. Le Louvre ne se trouva dans Paris que par l'enceinte commencée sous Charles V en 1367, achevée sous Charles VI en 1383. Charles V fit rehausser ce palais, et rendre les appartemens plus commodes et plus agréables ;

---

(1) De l'ancien mot saxon LOUVAR, qui signifie CHATEAU.

mais ni ce prince, ni ses successeurs, jusqu'à Charles IX, n'en firent leur demeure ordinaire. Ce palais était destiné à recevoir les monarques étrangers qui venaient en France. En 1528, François Ier le fit abattre, et commença le nouvel édifice que son fils Henri II fit achever, et porter au point de perfection où il est aujourd'hui, sur les dessins de l'abbé de Cluny : la sculpture fut exécutée par le fameux Jean Goujon. Charles fit commencer la grande galerie qui joint le Louvre au palais des Tuileries, et Henri IV la termina. Louis XIII fit élever par Le Mercier le péristyle qui sert d'entrée au vieux Louvre du côté des Tuileries, et fit continuer l'angle opposé à celui de Henri II. Tout le reste de l'édifice moderne, qui forme ce qu'on appelle le *nouveau Louvre*, a été fait par les ordres de Louis XIV, et les soins de Colbert, qui y employa Louis Le Vau, célèbre architecte, et François Dorbay, son élève, qui ont fait exécuter la superbe façade du côté de l'église Saint-Germain-l'Auxerrois sur les dessins de Claude Perrault, médecin, que ce chef-d'œuvre a immortalisé. Cette façade ne le cède en rien au plus bel antique; elle a mille trois cent quarante trois mètres (six cent quatre-vingt-sept toises) de longueur; elle est divisée en deux péristyles, et trois avant-corps : la principale porte est dans l'avant-corps du milieu, qui est décoré de huit colonnes accouplées et couronnées d'un fronton dont la simaise n'est composée que de deux pierres qui ont chacune dix-huit mètres (neuf toises) de long, sur deux mètres et demi (sept pieds et demi) de large.

Les deux avant-corps sont ornés de six pilastres et de deux colonnes du même ordre. Le tout est terminé par une balustrade dont les piédestaux doivent servir à placer des trophées entremêlés de vases. Le plan de tout le Louvre est un carré parfait, entouré de quatre corps de bâtimens, décoré de trois ordres d'architecture l'un sur l'autre, dont les pavillons ou avant-corps sont enrichis de colonnes; au milieu est une cour carrée, percée dans ses quatre faces de superbes portiques ornés de colonnes. L'intérieur est également orné de beaux morceaux de sculpture, exécutés par Sarazin, Jean Goujon, Germain Pilon, Houdon, Bouchardon, Bridau, Coustou, Clodion, et plusieurs autres artistes célèbres. La grande galerie qui joint le Louvre au palais des Tuileries a quatre cent quarante-huit mètres (deux cent trente toises) de longueur, et dix mètres (cinq toises) de largeur. Buonaparte a fait achever cette superbe galerie, et beaucoup d'autres travaux, dans l'intérieur et l'extérieur. Il avait l'ambition d'achever l'embellissement du Louvre : car il avait fait placer son buste sur la façade du Louvre. On lisait au-dessous : *Napoléon-le-Grand a achevé le Louvre*. Le buste et l'inscription ont disparu depuis le retour de Louis XVIII.

Le Musée du Louvre. Le Muséum au Louvre renferme les chefs-d'œuvre des plus grands maîtres anciens et modernes. L'entrée du Musée est sur la place du Louvre. Il faut plusieurs jours pour connaître toutes ses richesses. On vend à la porte un catalogue qui indique tous ces objets précieux.

Église Saint-Germain-l'Auxerrois, en face du Louvre. L'origine de cette paroisse est très-incertaine. Jusqu'au douzième siècle elle porta le nom de *Saint-Germain-le-Rond*. Ce qu'il y a de certain, c'est qu'elle porta le titre de paroisse dès le sixième siècle. Pillée et ruinée par les Nor-

Église S. Germain-l'Auxerrois. 175

mands, elle fut rebâtie par le roi Robert au commencement du onzième siècle.

C'est la grosse cloche de Saint-Germain-l'Auxerrois qui donna le signal du massacre de la Saint-Barthélemi.

Le curé de cette paroisse, le jour de Pâques 1245, étant monté en chaire, dit que le pape Innocent IV voulait que dans toutes les églises de la chrétienté, on dénonçât comme excommunié l'empereur Frédéric II : *Je ne sais pas,* ajouta-t-il, *quelle est la cause de cette excommunication; je sais seulement que le pape et l'empereur se font une rude guerre; j'ignore lequel des deux a raison; mais, autant que j'en ai le pouvoir, j'excommunie celui qui a tort, et j'absous l'autre.* Frédéric II, à qui l'on raconta cette plaisanterie, envoya des présens à ce curé.

Cette église a servi de temple à la nouvelle secte des théophilanthropes.

Plus haut, du côté et au coin de la rue de l'Arbre-Sec, la *Fontaine de la Croix du Trahoir,* fontaine située autrefois au milieu de la même rue. François Ier l'avait fait construire en cet endroit en 1539; mais comme elle gênait le passage, elle fut transférée en 1636 à la place qu'elle occupe actuellement.

Les opinions varient sur l'étymologie du mot *trahoir*, et sur l'histoire qui y a donné lieu. On rapporte que ce fut en cet endroit que Clotaire II fit traîner à la queue d'une jument indomptée Brunehaut, épouse de Sigebert, premier roi d'Austrasie, et en secondes noces de Méroué, fils de Chilpéric, premier roi de France. L'historien *Daniel* est d'un avis contraire : le fait est que cette méchante femme perdit la vie par ce genre de supplice.

Rue de l'Arbre-Sec. Elle tient à la rue Saint-Honoré et à la place de l'École. Cette rue est ainsi nommée d'une vieille enseigne, qui portait : *à l'Arbre sec.*

En 1505 il y eut dans cette rue une sédition, à l'occasion d'une marchande que son curé ne voulait pas enterrer qu'on ne lui eût montré le testament qu'elle avait fait. Les évêques prétendaient être en droit de se faire représenter les testamens : ils défendaient de donner la sépulture à ceux qui mouraient *ab intestat*, ou qui n'avaient pas fait un legs à l'église. En 1533, pendant que la peste ravageait Paris, et que l'on n'avait guère de temps de songer à tester, les corps d'une infinité de personnes restèrent plusieurs jours sans sépulture, et achevèrent d'infecter l'air.

On a construit, sur l'égout de la petite place de l'Ecole, une fontaine décorée d'un grand vase et un grand bassin.

C'est la première fontaine que Buonaparte a fait construire à Paris, elle est sur un égout, ce qui fait un singulier contraste entre l'eau très-limpide qui coule de la fontaine, et l'eau corrompue qui passe dessous pour retourner dans la rivière de Seine.

Quai de l'Ecole. Il aboutit au Pont-Neuf. Son nom lui vient d'une école tenue par le chapitre Saint-Germain, qui, dès le douzième siècle, portait le nom de *Scola sancti Germani :* chaque année le maître de cette école se rendait au chapitre, qui lui conférait solennellement les marques de sa dignité : une grosse férule de cuir et une poignée de verges, *ad bonum scolæ.*

Les écoles de chirurgie s'y tenaient anciennement.

Au coin de ce quai et de la rue de l'Arbre-Sec est le café Manoury, célèbre pour le jeu de Dames. C'est la *cour de cassation* pour toutes les contestations de ce genre. Tous les jours ce *tribunal* est en fonctions. Le plus grand nombre des habitués sont des rentiers et des hommes de lettres. Il est des parties de dames qui durent deux heures. On dirait qu'il s'agit du sort de l'Europe.

En suivant ce quai jusqu'au Pont-Neuf, vous voyez des *fripiers* qui ont tous fait leurs cours d'*astuces* aux piliers des halles, rue Saint-Honoré. Ils ont des magasins nocturnes ; comme eux ils vous enferment de manière à ne pouvoir sortir sur le pas de la porte, pour vous assurer si l'on ne vous donne pas du drap noir pour du vert ou du bleu ; et lorsque vous n'achetez rien, à l'instant où vous allez pour sortir, une femme ou un autre garçon vous arrête ; vous avez bien de la peine à vous débarrasser de cette engeance.

Rue du Roule. Elle commence à la rue Saint-Honoré, et aboutit à la rue de la Monnaie. Cette rue est très-large et très-commerçante.

On remarque principalement dans cette rue :

Le magasin de parfumerie de M. Fargeon, où l'on trouve tout ce qui est nécessaire aux femmes qui veulent paraître jeunes, jolies et fraîches.

Les deux brillantes boutiques de lampistes-ferblantiers, etc.

Rue Béthizy. Au bout à gauche de celle du Roule.

C'est dans la deuxième maison à gauche, en entrant par la rue de la Monnaie, que l'amiral de Coligny fut assassiné, dans la nuit de l'horrible massacre de la Saint-Barthelemi, en 1571.

On remarque au-dessous de la boutique d'un marchand de draps cette inscription : *hôtel de Montbazon.* Cette boutique était autrefois la porte cochère de l'hôtel qu'occupait Hercule de Montbazon, pair et grand-veneur de France, gouverneur de Paris, mort le 26 octobre 1654. Les temps sont bien changés, car aujourd'hui un huissier au tribunal de première instance s'y trouverait mal logé.

Rue de la Monnaie. Elle conduit jusqu'au Pont-Neuf, et fait le coin du quai de la Ferraille ou de la Mégisserie, et le coin du quai de l'Ecole. C'est l'une des rues les plus dangereuses pour les gens de pied, à cause de la rapidité avec laquelle les voitures descendent en quittant le Pont-Neuf.

Rue Saint-Germain-l'Auxerrois. Cette rue commence place des Trois-Maries, rue de la Monnaie, et aboutit à celle Saint-Denis. Elle est très-étroite, sombre, les maisons mal bâties. De tous les temps il y a eu dans cette rue des teinturiers. On se rappelle une ancienne aventure arrivée à un abbé qui faisait sa cour à une jolie femme de teinturier. Le mari la surprit en flagrant délit avec l'abbé, qui était en chemise, il l'obligea de quitter sa chemise, et avec ses garçons le plongea trois fois dans une chaudière de couleur verte. Ce pauvre abbé ne put jamais faire disparaître cette couleur ; ce qui lui avait fait donner le nom *d'Abbé Vert.* Plus de cinquante chansons furent faites sur son compte ; il ne put survivre que deux ans à cette terrible catastrophe.

Rue des Prêtres-Saint-Germain. En face d'un des côtés de l'église Saint-Germain-l'Auxerrois, est le bureau et l'imprimerie du Journal de l'Empire, aujourd'hui Journal des débats, son ancien nom.

Ici se termine notre troisième promenade.

PROMENADES
DESCRIPTIVES ET POLITIQUES
DANS PARIS.

QUATRIÈME PROMENADE.

DU NORD-EST AU CENTRE.

QUARTIER SAINT-ANTOINE.

Nous commençons cette dernière promenade par tout le quartier S.-Antoine, les ports et quais de la Rapée, Saint-Paul, des Morfondus, etc. Nous reprenons le boulevard et la rue Saint-Antoine, les quartiers et boulevards du Temple, du Marais, de la Grève; les quais de Gêvre, Pelletier; les rues et faubourgs S.-Martin,

Saint-Denis; les quartiers et boulevards Poissonnière, Montorgueil, Montmartre. Nous terminons cette promenade par la place des Victoires, les rues J. J. Rousseau et Coquillière.

Barrière du Trône, située au bout du faubourg Saint-Antoine, est l'une des plus belles de celles qui ferment Paris.

C'est dans cet emplacement qu'on dressa un trône pour Louis XIV, lorsqu'il fit son entrée triomphante dans Paris.

Lorsque la reine Marie-Thérèse d'Autriche, femme de Louis XIV, fit son entrée dans Paris, on lui dressa un trône magnifique proche de l'endroit où devait s'élever l'arc de triomphe; c'est depuis cette époque que le nom de barrière du Trône lui a été donné.

L'empereur d'Autriche est entré par cette barrière avec le prince royal de Suède, (Bernadote), au mois d'avril 1814, lors du séjour à Paris des armées alliées.

C'est à la barrière du Trône que la convention nationale avait ordonné, le 25 prairial an 2 (14 juin 1794), au tribunal révolutionnaire, d'envoyer les fournées de victimes. Cinquante-neuf personnes

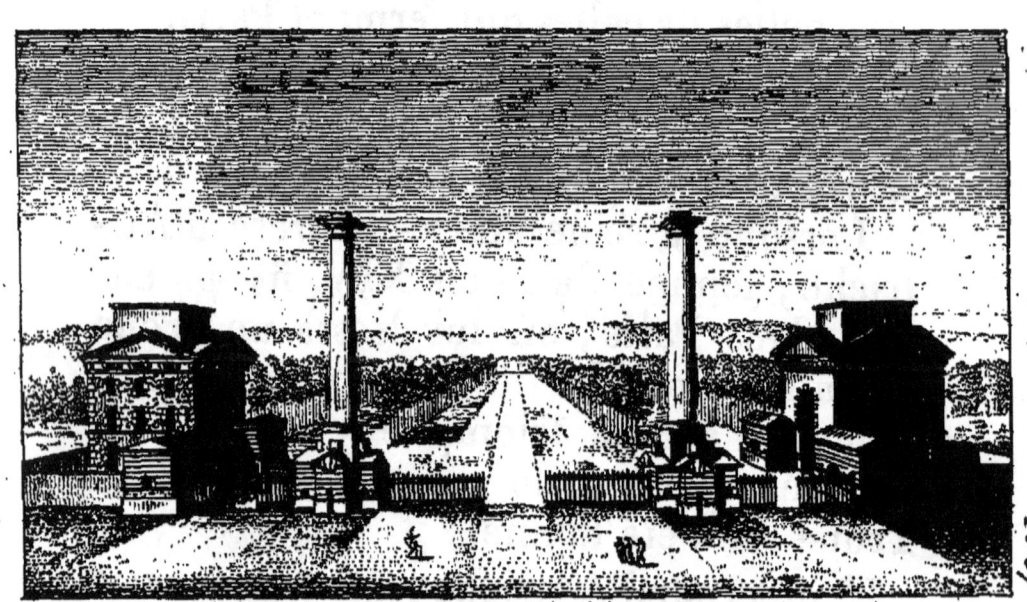

Barriere du Trône ou de Vincennes.

des deux sexes y ont péri le 9 thermidor (28 juillet 1794). Le peuple du faubourg Saint-Antoine voulut arrêter les dernières voitures; mais le brigand Henriot, commandant de Paris, s'y opposa, et le terrain de la barrière du Trône fut encore baigné du sang humain.

Le lendemain, à la même heure, Henriot paya de sa tête tous les forfaits qu'il avait commis.

Faubourg Saint-Antoine. Depuis des siècles, ce faubourg est célèbre dans l'histoire. On se rappelle la guerre de la Fronde.

Le peuple de ce faubourg est très-laborieux; les femmes et les enfans de tout âge y sont occupé, par le grand nombre de fabriques qui s'y trouvent; aussi les filous ne se logent-ils pas dans ce quartier.

Il y a beaucoup de brasseries, des fabricans de meubles, des chaudronniers, des tourneurs sur bois et sur métaux, des sculpteurs, des tapissiers, des serruriers, des mécaniciens, des doreurs sur bois et sur métaux, des fabricans de papiers peints, des ébénistes, etc.

L'hôpital Saint-Antoine, en face du

corps-de-garde, occupe l'ancienne *abbaye royale* de Saint-Antoine-des-Champs.

La construction de ce monastère fut commencée en 1198, et fut achevée sous le règne de S. Louis.

Les bâtimens du couvent étaient très-vastes et magnifiques. Ce monastère jouissait de revenus considérables.

L'abbesse était princesse; elle jouissait d'un revenu de 60,000 liv.

L'hôpital qu'on a établi dans cette maison est l'un des plus beaux et des plus aérés. Il y a 350 lits. A peu de distance

L'Hospice des Orphelins. On y reçoit les orphelins de père et mère, et les enfans délaissés par leurs parens, de l'âge de deux à dix ans, jusqu'à ce qu'ils soient placés à la campagne ou en apprentissage. Cette maison existait, depuis 1668, pour les enfans mâles.

Le marché du faubourg Saint-Antoine, situé au-dessus, a été construit, en 1779, sur les dessins de l'architecte Lenoir le Romain, sur le terrain du jardin et de l'hôtel anciennement nommé *Maison du Diable*. Le terrain de ce marché est très-vaste.

Rue de Montreuil. Elle tient à la barrière de ce nom et au faubourg Saint-Antoine. On voyait dans cette rue la Folie Titon, bâtie par M. Titon, maître des comptes. C'est là qu'a été établie la belle manufacture de papiers *tontisses* et *peints*, pour les ameublemens, dits de *Réveillon*, qui en a été l'inventeur et l'entrepreneur. C'est l'une des fabriques les plus considérables dans ce genre. Elle portait le titre de *manufacture royale*, par arrêt du conseil d'état, du 13 janvier 1784. C'est dans cette maison que MM. Montgolfier et autres ont fait fabriquer la première montgolfière qui a paru à Paris, et dans laquelle M. le marquis d'Arlande et M. Pilastre du Rosier ont été les premiers à franchir la plaine des airs.

En 1789, les 27 et 28 avril, il y eut dans la fabrique de M. Réveillon une insurrection. Les ouvriers étaient nombreux. L'exil ordonné par Louis XVI contre Philippe d'Orléans en fut le prétexte.

Les habitans du faubourg Saint-Antoine ont été souvent victimes des intrigans qui voulaient se faire un parti, en trompant cette nombreuse population.

Santerre, brasseur, depuis long-temps

dans ce faubourg, jouissait d'une honnête aisance. Il fut nommé commandant de bataillon au commencement de la révolution. Il a servi souvent d'instrument à différentes factions, pour faire mouvoir les habitans de ce quartier.

Port de la Rapée, situé près de *Bercy*, au-dessus du *pont d'Austerlitz*, sur la rive gauche de la Seine. Ce lieu est très-renommé pour les matelottes et goujons fris. Les principaux traiteurs sont, à l'Ecu de France et aux grands Marronniers où l'on mange des matelottes depuis 36 fr. jusqu'à 300. Le marronnier qui est devant la maison du traiteur a plus de 250 ans; il couvre huit tables.

L'on fait aussi la partie de manger sur la rivière, dans un bateau où il y a un très-joli salon d'où l'on jouit de la plus belle vue agreste.

Le nom de la Rapée vient d'une maison qui y avait été construite par M. de La Rapée, commissaire général des guerres.

La construction du nouveau pont d'Austerlitz rend ce port beaucoup plus commerçant.

L'on voit arriver sur le port de la Rapée

et un peu au-dessus tous les vins qui viennent de la Bourgogne, qui étaient en magasin à Bercy, village un peu au-dessus. Aujourd'hui ils sont déposés dans la nouvelle halle aux vins.

En suivant le port de la Rapée, vous voyez le pont d'Austerlitz, dont nous avons déjà parlé. Vous passez devant le nouveau boulevard Bourdon en suivant la rivière; le nouveau quai Morland, construit depuis cinq ans sur le terrain des bas fossés de l'Arsenal. On a pratiqué des trottoirs, le long des maisons, qui conduisent jusqu'au pont de Grammont. Ce pont en bois conduit à

L'île Louviers, nommée autrefois *l'île aux Javeaux*, terme des eaux et forêts, qui signifiait une île nouvellement formée au milieu de la rivière, par alluvion, ou amas de limon et de sable.

L'île Louviers est le chantier de bois à brûler pour la consommation de Paris, mais particulièrement en bois neuf.

En 1549 la ville de Paris fit élever dans cette île un fort, un port et une espèce de havre, pour y donner à Henri II et à Catherine de Médicis le spectacle d'un combat naval et de la prise d'un fort.

Le premier objet qu'on voyait au sortir

de l'île Louviers était le couvent des Célestins, qui avait été supprimé quelques années auparavant la révolution. On y avait établi un *hospice médico-électrique*; en suite une *caserne* pour des grenadiers à cheval de la ci-devant garde impériale.

A côté du couvent est l'Arsenal.

Arsenal. Sous Charles V le prevôt des marchands prêta les granges de l'artillerie, qui appartenaient à la ville, à François 1er, qui en avait besoin pour fondre des canons. Le 28 janvier le tonnerre tomba sur une tour dite de *Billy*, qui faisait partie de cet arsenal. Quinze ou vingt milliers de poudre firent une explosion terrible. L'Arsenal fut rétabli et augmenté par Charles IX, Henri III et Henri IV.

Les fonderies qui furent construites par ordre de Henri II n'ont servi qu'à la fonte des statues qui décorent les jardins de Versailles et de Marly. En 1562 le feu prit au magasin à poudre. Les bâtimens de cet édifice forment plusieurs cours : 1° cour de la raffinerie du salpêtre où sont les ateliers de fonderie; 2° le magasin à poudre, cour de la guerre, etc.

En entrant par le quai des Célestins,

dans la cour des Vétérans, est la *bibliothèque* dite de l'*Arsenal*. On lit sur la porte par laquelle on entre dans cette bibliothèque, ces deux vers de *Nicolas Bourdon*.

Ætna hæc Henrico Vulcania tela ministrat,
  Tela giganteos debellatura furores.

La bibliothèque de l'Arsenal est ouverte tous les jours. On y a réuni la bibliothèque de la doctrine chrétienne.

Quai et port Saint-Paul. Ce quai tient à la rue Saint-Paul et aboutit au quai des Ormes. Le port Saint-Paul est l'entrepôt du poisson; c'était autrefois le port des coches d'eau, qui sont actuellement au port au vin.

Quai des Célestins. Ce quai tient à la rue Saint-Paul et à celle du Petit-Musc.

Rue de la Cerisaye. Elle tient à la rue du Petit-Musc et à la cour des Salpêtres.

C'est dans cette rue que fut bâti l'hôtel de Lesdiguières. Henri IV y allait souvent en partie de plaisir.

C'est dans cet hôtel que descendit le Czar Pierre Alexiowitz, grand-duc de Moscovie, le 7 mars 1717. Trois jours après son arrivée, Louis XV lui rendit visite, accompagné du régent.

Nous allons reprendre le quartier Saint-Antoine, en commençant par la

Rue de Charonne. Cette rue tient à la barrière de Fontarabie, et aboutit à la grande rue du faubourg Saint-Antoine. La fontaine qui est au coin de cette rue fournit de l'eau de la Seine.

La cour de Saint-Joseph, qui est immédiatement après cette fontaine, est un emplacement très-vaste, dépendant autrefois des écoles chrétiennes et de charité, formées dans ce faubourg en 1713.

On remarque à l'ancien couvent des Bénédictines réformées de la Madeleine de Traisnelle, qui existait depuis 1654, la manufacture de basins, mousselinettes, et autres étoffes en coton et façon anglaise, de M. Richard.

Près de là était le couvent des religieuses Dominicaines, dites *Filles de la Croix*.

A peu de distance de ce couvent était un prieuré de Bénédictines, fondée en 1654 par madame de Chavannes.

Rue Saint-Bernard, tenant à la rue de Charonne et au faubourg Saint-Antoine.

On voit la fabrique de papiers peints de madame veuve Dauptain.

Église Sainte-Marguerite. Le célèbre mécanicien Vaucanson a été inhumé dans cette église en 1782, âgé de soixante-quatorze ans.

Dans la même rue étaient les filles de Notre-Dame des Vertus, ou de Sainte-Marguerite.

Rue de Charenton. Elle tient à la place S. Antoine et à la barrière de Charenton.

L'on ne voit pas sans intérêt l'ancien hôpital des Quinze-Vingts, qui fut fondé en 1260 par saint Louis, à son retour des croisades, pour trois cents aveugles. Le nombre est actuellement de huit cents. On nomme aujourd'hui les Quinze-Vingts, *Hospice des Aveugles.*

Les aveugles travailleurs, ci-devant rue Saint-Denis, sont réunis à cet hospice depuis le 18 février 1801.

C'est à M. Haüy que les jeunes aveugles travailleurs sont redevables de la méthode qu'ils suivent, et des livres élémentaires qu'ils impriment eux-mêmes et dont ils se servent avec succès, pour apprendre et montrer à lire.

On voyait, un peu au-dessus du ci-de-

Manufacture de glaces,

vant hôpital des Quinze-Vingts, un couvent de Filles Anglaises. Ce fut madame Cléveland qui fit construire l'église de ce monastère en 1639.

On remarque, dans la rue de Charenton, une fabrique de tulle, et une de piqués, façon anglaise.

Rue de Ménilmontant. Elle tient à la barrière de ce nom, et aboutit au boulevard des Filles du Calvaire. On y voit une fabrique de tabatières de cuir vernis, et une de faïence.

Rue des Amandiers, située à la barrière de ce nom, et à la rue Popincourt.

On remarque dans cette rue la superbe manufacture de porcelaine de M. Nast, Allemand, établie à Paris depuis 1785.

Rue de Reuilly. Elle tient à la barrière de Rueilly, et à la rue faubourg St.-Antoine.

On voit la *Manufacture de glaces*, établissement qui existe depuis 1634; elle est due au ministre Colbert. L'art de couler les glaces est dû à un Français nommé Thévart, en 1559. Il est sorti de cette manufacture des glaces de cent deux pouces de hauteur.

Petite rue de Reuilly, entre la rue de

Charenton et la grande rue de Reuilly. On voyait, dans le milieu de la rue, les Dames de la Trinité, dites *Mathurines.*

Au bout est la barrière de la rue de Charenton, au-delà de laquelle sont la rue et les murs de Rambouillet. Cette rue traverse celle de Bercy, et conduit au bord de l'eau, à l'endroit nommé *S. Bonnet*, lieu très-fréquenté les dimanches.

La rue de Bercy tient à la barrière de Bercy et à la rue des Contrescarpes. On y remarque la fabrique de plomb laminé. Au bout était la *Grange aux Merciers*, célèbre dans l'histoire par les assemblées qui s'y tinrent par Charles VI pour rétablir le calme à l'état, et sous Louis XI, pendant la guerre dite *du bien public.*

L'endroit nommé la *Grand'Pinte*, qui est au bout de la rue Grange-aux-Merciers, était l'une des guinguettes les plus fréquentées par les ouvriers, à cause de la grandeur de la mesure dans laquelle on vendait le vin, qui contenait environ moitié plus que la mesure de Paris.

Rue de la Roquette, située entre la rue de la Muette et la place St.-Antoine.

On y voyait un couvent d'Hospitalières

de la règle de St.-Augustin, et l'hôtel des Chevaliers de l'Arquebuse, qui y étaient établis depuis 1604.

Il faut y voir la superbe manufacture de porcelaine de MM. Darthes, n° 10.

On y remarque encore une belle manufacture de terre blanche ou faïence, dite *anglaise*. Celle de faïence de MM. Denis et Husson, etc.

Rue de Popincourt. Cette rue tient aux rues de Ménilmontant et de la Roquette.

On y voit une caserne qui a été bâtie pour deux compagnies du régiment des Gardes-Françaises.

L'ancien couvent des religieuses Annonciades du St.-Esprit, qui était supprimé depuis trente ans. Des filatures de coton.

L'église St.-Ambroise de Popincourt, paroisse, ci-devant l'église des religieuses Annonciades du Saint-Esprit, bâtie en 1659.

La rue des Boulets tient aux rues de Montreuil et de Charonne.

Il y avait depuis 1713 une communauté des Filles de Sainte-Marie.

On y remarque la fabrique de toiles cirées de M. Billard.

Boulevards. Les grands boulevards du Nord ont été commencés en 1586, et plantés en 1660. Ils commencent à la Porte St.-Antoine, ou place de la Bastille, et se prolongent jusqu'au faubourg S. Honoré, en face. Ils prennent diverses dénominations, selon les différens lieux qu'ils traversent, tels que les boulevards du pont d'*Austerlitz, Bourdon, de la porte Saint-Antoine, du Temple, S. Martin, S. Denis, Poissonnière, Montmartre, du Pont-aux-Choux, des Italiens, des Capucines*, de la *Madelaine*, etc. Tous ces boulevards sont pavés depuis trente-six ans.

Boulevards de la porte St.-Antoine. Ils commencent à la rue St.-Antoine, en face du boulevard Bourdon, et se terminent à la rue Neuve-St.-Gilles.

La première chose que vous remarquez est la superbe maison et le vaste jardin de Caron, dit de *Beaumarchais*, qui en a ordonné la construction, et a prodigué dans l'intérieur un luxe asiatique.

Porte-St.-Antoine. Ce monument a été démoli quelques années avant la révolution. Il fut élevé à la gloire des rois. Cette porte avait été rebâtie sous le règne de

Henri II, pour servir de triomphe à la mémoire de ce prince.

Fort de la Bastille. Cette prison d'état était située à l'extrémité du faubourg Saint-Antoine. Elle fut bâtie sous le règne de Charles V. Hugues Aubriot, prevôt de Paris, en posa la première pierre le 22 avril 1369, suivant Jaillot, et 1370, suivant Villaret, pour défendre Paris, du côté du faubourg Saint-Antoine, des incursions des Anglais, et garantir de leurs déprédations l'hôtel Saint-Paul, où les rois faisaient leur résidence.

En face des ponts-levis de la Bastille, on voyait de grandes salles formant magasins, où étaient rassemblées plus de trente mille armes, rangées avec beaucoup d'ordre ; au milieu était une coulevrine à deux coups, qui avait été faite pour le grand Dauphin.

En 1789, le 14 juillet, les électeurs assemblés à l'hôtel-de-ville crurent devoir s'assurer de cette forteresse redoutable ; ils envoyèrent dès le matin une députation de quatre électeurs, dont *l'abbé Fauchet*, pour demander des armes au gouverneur et l'engager à rendre cette forteresse. Il promit de livrer les armes et de ne point faire feu sur le peuple ; mais dans l'intervalle il reçut des ordres supérieurs qui le firent changer d'avis. Un détachement de gardes-françaises et cinq à six cents citoyens s'introduisirent avec adresse dans la Bastille ; une décharge d'artillerie de la part du gouverneur renversa quelques gardes-françaises et des citoyens. L'alarme s'en répandit, et en deux heures cette forteresse se trouva investie de plus de quarante mille citoyens de toutes les classes, et fut prise.

Un décret de l'assemblée constituante ordonna la démolition de cette forteresse.

On a célébré des fêtes à la liberté sur ce terrain, où l'on avait commencé un monument en mémoire de la prise de cette citadelle. Des chantiers de bois à brûler y ont été établis.

Buonaparte n'a pas voulu qu'il restât le moindre vestige de ce monument; il a ordonné la démolition des maisons environnantes, et sur le terrain a été fait le boulevard Bourdon, qui se trouve en ligne directe avec le boulevard de la porte Saint-Antoine, et va rejoindre le pont d'Aus-

* 17.

terlitz ; ce qui produit le plus beau point de vue.

Fontaine de l'Eléphant. Cette fontaine qui s'élève sur l'emplacement où posait la Bastille, d'après le décret de Buonaparte, doit être construite en pierre du Château-Landon, placée sur le canal au milieu de la place. Une voûte ou développement de cercle, construite en pierre dure de roche, doit porter l'éléphant, qui sera en bronze, placé sur un socle; il aura plus de vingt-quatre mètres de hauteur, y compris la tour ou le trône qui sera supporté par cet animal. L'eau sortira par sa trompe. La figure de l'éléphant sera colossale : l'une de ses pates aura deux mètres de diamètre, dans laquelle sera pratiqué un escalier à vis pour monter à la tour. Le pied de cet animal excédera 200 milliers métriques. Le plan de cette fontaine est de M. Célérier, M. Savoine en est l'inspecteur.

Boulevard Bourdon, où l'on construit les greniers de réserves. Cet immense édifice, de 180 toises de long sur 10 de profondeur, est actuellement en construction sur l'emplacement de l'ancien arsenal, boulevard Bourdon; il doit être élevé d'un rez-de-chaussée, sur caves déjà construites, et de cinq étages pour recevoir un emmagasinement de cinq cent mille quintaux de blés ou de farines. Une vaste grille d'enceinte en doit défendre l'approche, ainsi que le fait connaître le modèle qui existe. La direction de ce monument a été confiée à M. Delannoy, qui en a dressé les plans.

Le bâtiment de l'arsenal décore le boulevard Bourdon.

Rue Saint-Antoine. Cette rue commence à la place de la porte ci-devant de ce nom, près le boulevard, et aboutit à la place Beaudoyer.

En 1792, c'est dans la nuit du 9 au 10 août, dans la maison qui porte l'enseigne du *Cadran Bleu*, que se réunirent ceux qui étaient à la tête du mouvement qui eut lieu le 10, au château des Tuileries, pour arrêter leurs dernières dispositions, et d'où ils descendirent chez Robespierre, rue Saint-Honoré, qu'une visite si nombreuse déconcerta assez pour en être devenu le sujet d'un reproche qui lui fut ensuite adressé. On remarque dans cette rue la

Bibliothèque de la Ville, maison des ci-devant Jésuites. Cette bibliothèque publique est riche en herbiers et en dessins de plantes.

Le Lycée Charlemagne est établi dans cette maison. Il y a encore un dépôt de livres pour les bibliothèques publiques.

On voit en face de cette église la fontaine Sainte-Catherine, dont l'eau vient des Prés Saint-Gervais.

On remarquait dans la rue Saint-Antoine l'église dite *Petit Saint-Antoine*, jadis occupée par des chanoines réguliers.

Les hôtels les plus remarquables étaient :

Hôtel Boisgelin, ci-devant Turgot, qui a été bâti par Ducerceau, pour Maximilien de Béthune, duc de Sully, sur une partie de l'emplacement de l'hôtel des Tournelles.

Hôtel d'Ormesson, bâti par Ducerceau, pour Charles de Lorraine, duc de Mayenne, lieutenant-général du royaume pour la ligue.

L'hôtel de Beauvais, bâti sur les dessins de Le Paultre, est situé à l'entrée de la rue Saint-Antoine.

La maison du Petit Saint-Antoine, ci-devant occupée par les religieux Antonins, a été anciennement un hôpital destiné pour ceux attaqués d'une espèce de maladie épidémique, nommée le *mal Saint-Antoine*, qui a duré en France quatre ou cinq siècles, et a disparu ainsi que le *mal des Ardens*, la *ladrerie*, etc. Le feu de Saint-Antoine était tellement en horreur, que par imprécation l'on disait *que le feu de Saint-Antoine te larde*, comme le plus cruel souhait qu'on pût faire.

L'église ayant été incendiée en 1705, un particulier qui demeurait dans le quartier prêta une pompe qu'il avait fait venir d'Allemagne, et éteignit le feu. C'est depuis cette époque que les pompes publiques pour les incendies ont été établies.

Rue de Lesdiguières. Elle tient à celles de la Cerisaye et S. Antoine. Le connétable de ce nom avait acheté son hôtel de Sébastien Zamet, fils d'un cordonnier, et cordonnier lui-même du roi Henri III. Ce Zamet était un de ces étrangers qui vinrent en France avec Catherine de Médicis, et qui introduisirent une foule de nouveaux impôts. Ce cordonnier, par ses intrigues, devint un très grand personnage; il fut nommé *Chevalier, baron de Mouel*; et *Billy*, seigneur de Beauvais et de Cazabelle, conseiller du roi en ses conseils, capitaine du château et surintendant de la maison de la reine, etc.

Zamet pouvait dire, je suis noble *dans les formes*.

Après la mort de Henri III, le nouveau baron jouissait de la plus grande faveur auprès de Henri IV, qui allait souvent manger chez lui.

Le Czar Pierre-le-Grand était logé à l'hôtel de Lesdiguières en 1717, pendant le séjour qu'il fit à Paris.

Prison de l'hôtel de la Force, rue du Roi de Sicile, dite aujourd'hui *la grande Force*. Cette maison est destinée à retenir les hommes prévenus de toute espèce de délits, jusqu'au moment où ils sont mis en accusation.

En 1792, pendant les journées des 3, 4, 5, 6 et 7 septembre, on égorgea une partie des prisonniers.

Les malheureux prisonniers de la Force firent résistance pendant trente heures; mais enfin ils succombèrent, ayant été inondés dans leurs réduits : la malheureuse princesse Lamballe fut l'une des victimes.

Petite-Force. Maison près de l'hôtel de la Force, destinée à retenir les femmes prostituées. Elles y sont occupées à la filature et à la couture.

Eglise Saint-Paul, située rue de ce nom, entre la rue Saint-Antoine et le port Saint-Paul, aujourd'hui succursale de la paroisse Notre-Dame.

Rue Neuve-Saint-Paul, située entre la grande rue du même nom et celle Beautreillis. Il y avait une communauté de Dames Hospitalières, dite de *St.-Thomas*: on y traitait gratuitement les épileptiques.

Rue des Barres. Cette rue tient à celles Saint-Paul et de l'Etoile. Louis Bourdon, beau cavalier, qui s'était signalé à la bataille d'Azincourt, allant à son ordinaire voir un soir la reine Isabeau de Bavière au château de Vincennes, rencontra rue des Barres Charles VI qui en revenait, et qu'il salua, mais sans s'arrêter ni descendre de son cheval. Le roi l'ayant reconnu, ordonna de courir après lui et de le conduire en prison; la nuit il fut mis à la question, ensuite enfermé dans un sac et jeté dans la Seine avec ces mots sur le sac: *Laissez passer la justice du roi.*

On voyait dans cette rue le couvent des filles de l'*Ave Maria.* C'est aujourd'hui une caserne.

Rue Culture-Sainte-Catherine. Elle tient aux rues de Biragues et du Parc-royal, près celle Saint-Antoine. Pierre de Craon, chambellan et favori du duc d'Orléans, frère de Charles VI, ayant imputé sa disgrâce au connétable de Clisson, au sujet d'une jeune juive qu'il allait voir secrètement, dont Charles VI était fort amoureux, l'attendit dans cette rue, la nuit du 13 au 14 juin 1391, et lui donna trois coups d'épée. Le connétable se traîna, baigné dans son sang, dans la boutique d'un boulanger. Le bruit de cet assassinat parvint au roi au bout d'une heure : Sa Majesté se leva et se rendit auprès de Clisson. Les biens de Pierre de Craon furent confisqués, son hôtel fut démoli, et l'emplacement fut donné pour servir de cimetière à la paroisse Saint-Jean. Il y avait près de là le couvent des Annonciades Célestes ou Filles Bleues.

On remarque encore dans cette rue

Les hôtels de Carnavalet et du président

Place Royale.

Saint-Fargeau ; le premier appartient à M. de Pomereuil.

La direction de l'imprimerie et de la librairie, qui a servi d'instrument de tyrannie de la pensée sous Buonaparte, est à l'hôtel de Carnavalet. Au mois de septembre prochain elle doit quitter ce local. Du même côté est

Le théâtre du Marais, que Beaumarchais a fait bâtir, maintenant fermé.

Place Royale, ci-devant *des Voges*, située entre la rue Saint-Antoine et le quartier du Marais.

C'est un monument du règne de Henri IV, qui, voulant établir à Paris une manufacture de soie, d'or et d'argent, fit tracer cette place en 1604, pour y construire des bâtimens où il pût loger les manufacturiers.

On a vu jusqu'au 10 août 1792, au milieu de cette place, la statue équestre de Louis XIII, en bronze, posée sur un piédestal de marbre blanc. Le cheval était de Daniel Ricciarelli de Volterre. Buonaparte y a fait construire une belle fontaine.

La maison des ci-devant Hospitalières, dites *de la Place Royale*, a été bâtie sur les ruines de l'ancien palais des Tournelles, que Catherine de Médicis fit détruire après la mort de Henri II, son époux.

Rue S. Louis, ci-devant *de Turenne*, au Marais. Elle tient au carré de l'Echarpe et à la rue de Bretagne. C'est l'une des plus larges et des plus belles de Paris.

La fontaine qui se trouve presque vis-à-vis la rue des Minimes tire son eau de Belleville. Le ci-devant hôtel d'Ecquevilly est un peu plus haut. Au-dessus étaient les *Bénédictines de l'Adoration du Saint-Sacrement*, depuis 1684.

Même rue, au coin de celle du Calvaire, les Bénédictines, appelées *Dames du Calvaire*, depuis 1639.

La duchesse d'Aiguillon, mère du cardinal de Richelieu, en posa la première pierre en 1635. Cette église est aujourd'hui succursale de la paroisse Saint-Merry.

Rue du Faubourg du Temple. Elle tient au boulevard, et se termine à la barrière de Belleville. C'est dans ce faubourg que les sieurs Astley, père et fils, avaient d'abord établi leur spectacle.

On remarque beaucoup de fabriques.

Boulevard du Temple. Il commence à la

rue du Temple et se termine à celle des Filles du Calvaire.

Ce boulevard a beaucoup perdu de sa réputation pour les plaisirs de la multitude, surtout depuis la construction du Palais-Royal.

On y voit encore le

Théâtre de la Gaieté, le plus ancien des boulevards, qui fut élevé par Nicolet.

Théâtre de l'Ambigu Comique. On doit la construction de cette salle à Audinot, ancien acteur de l'Opéra Comique. Elle n'a rien de remarquable; il appartient aujourd'hui à M. Corse, excellent acteur et directeur de ce spectacle, qui est très-fréquenté.

Les Variétés Amusantes, etc., etc., des cabinets de figures en cire, où l'on voit dans ces cabinets toutes les cours de l'Europe, même l'empereur de la Chine.

Paphos, grande Rotonde. C'est là où se rendent toutes les virtuoses qui aiment la danse, la bière et le jeu. L'étranger pourra y faire des observations très-philosophiques. Il y a un jeu de roulette.

Jardin Turc. C'est le *Frascati* des habitans du quartier du Marais. Il y a beaucoup de petits cabinets mystérieux en verdure qui sont très-jolis. Il y a toujours bonne société. Vis-à-vis est le beau café d'*Apollon*, où l'on joue la comédie. A côté est le café du *Bosquet*, où l'on joue aussi des petites comédies. On voit encore

Des bastringues, des cafés, des restaurateurs, tels que *le Cadran Bleu*, *la Galiote*, etc., etc.; des fabriques de pâtisserie.

Les jours de repos, toutes les familles juives qui habitent le Marais vont se promener sur ce boulevard. Il faut voir la

Manufacture de Porcelaine, de Dihl et Gérard, située au coin du boulevard et de la rue du Temple.

La maison qui fait l'encoignure de ce boulevard et de la rue Saint-Claude était, en 1785, l'hôtel du fameux *Cagliostro*.

On voit le

Château d'eau, placé sur la grande esplanade du boulevard du Temple, entre la Porte Saint-Martin et la rue du Faubourg du Temple, en face de la rue du Colisée, 13 mètres de rayon forment le pourtour extérieur du bassin du château d'eau. Le plafond de ce bassin est à 12 mètres au-dessous du niveau moyen des eaux du réservoir de la Villette, réservoir général du canal de l'Ourcq.

Rue du Temple. Cette rue tient au Boulevard du Temple et à la rue des Vieilles Audriettes.

Le Temple a donné son nom à la rue qui le porte. Il était anciennement le chef-lieu de l'ordre des Templiers, religieux qui y tenaient leurs chapitres généraux. Le Temple a été bâti par frère Hubert en 1200.

La porte du palais du grand prieur est décorée d'un ordre dorique à colonnes isolées : le milieu était surmonté d'un attique avec fronton.

Le chevalier d'Orléans, grand-prieur, y fit faire de grands changemens en 1720 et 1731, par Oppenord, architecte du régent de France. Dans cet enclos était la grosse tour, flanquée de quatre tourelles aux angles, bâtie en 1306 par un commandeur nommé *Jean le Turc*, templier, qui fut condamné à être brûlé vif, comme étant particulièrement accusé d'hérésie. Le prince de Conti, mort grand-prieur en 1776, y avait fait élever divers bâtimens. Les maisons de l'enclos étaient louées à des marchands, qui jouissaient de la franchise du lieu.

Le duc d'Angoulême, fils du comte d'Artois, aujourd'hui Monsieur, a été le dernier grand-prieur de France, depuis 1776. Les revenus du grand-prieur étaient de plus d'un million.

Le palais du Temple vient d'être restauré et agrandi pour y recevoir le ministère des cultes ; sur une partie de l'emplacement du jardin était la tour du Temple, où l'infortuné Louis XVI a été détenu. L'entrée de ce palais, rue du Temple, a été restaurée, ainsi que l'ensemble de cette belle habitation, digne d'un des premiers princes, d'après les dessins de MM. Delannoy et Blondel, architectes. Il y a un jardin immense.

Le poète Chaulieu venait souvent dans l'enclos du Temple rendre visite au grand-prieur.

Depuis la révolution, presque toutes les maisons de l'enclos ont été démolies et le terrain vendu. La tour du Temple, qui était regardée comme une forteresse très-solidement construite, est enfin démolie. Un membre de l'assemblée constituante avait proposé la destruction de cette prison, qui a été funeste à bien des victimes. Mais le parti qui dirigea la prise et la démolition de la Bastille voulait aussi avoir sa

Tours de la Prison du Temple.

Bastille; c'est ce qui fit écarter cette proposition. Toutes les factions sous la Convention nationale et tous les gouvernemens qui se sont succédés y ont fait renfermer les prisonniers d'état.

En 1792, 10 août, le vertueux Louis XVI avec sa famille a été conduit dans la tour du Temple.

1795 — 9 juin, Louis-Charles, duc de Normandie, fils de Louis XVI, né à Versailles le 27 mars 1785, dauphin de France le 4 juin 1789, mourut au Temple, âgé de dix ans, deux mois et cinq jours.

C'est l'assemblée législative, dont Brissot était membre, qui a fait enfermer au Temple la famille royale. La convention nationale y a fait enfermer les députés dits *Brissotins*, ceux-ci la faction dite de *la Montagne*; après les *conspirateurs* du 9 thermidor an 2, ceux de la journée de prairial an 3.

Le directoire exécutif a envoyé au Temple les *conspirateurs* de la plaine de Grenelle, les *conspirateurs* de l'Ecole Militaire, ceux du 18 fructidor, dont deux membres du directoire.

Le général Moreau, le général Pichegru, et Georges, chef des Vendéens, ont été prisonniers dans cette tour jusqu'au moment de leur translation dans la prison de la Conciergerie, à l'exception du général Pichegru qu'on a fait étrangler. Le ministre de la police peut seul dire par quel ordre.

Marché pour la friperie et le vieux linge, construit sur le terrain de l'enclos du Temple. Ce marché contient près de huit cents échoppes. Il est couvert. On y trouve aussi des matelas, des souliers, etc., etc., etc. Un peu plus haut les

Bains Turcs ou *du Temple*, qui appartiennent au propriétaire du café Turc. Rien n'a été épargné pour rendre ces bains agréables.

Vis-à-vis les murs du Temple est la deuxième succursale de la paroisse de Saint-Nicolas-des-Champs. C'était le monastère royal des dames de Sainte-Elisabeth. A peu de distance

Les Pères de Nazareth. En 1613 on commença à bâtir cette église, qui ne fut achevée qu'en 1632.

Le cœur du chancelier Seguier, principal fondateur de ce couvent, reposait dans une chapelle destinée à la sépulture de cette famille.

Rue Pavée. Cette rue tient aux rues du Roi de Sicile et des Francs-Bourgeois.

L'hôtel de Lorraine, qu'on y voyait, se nommait anciennement l'*hôtel de Savoisy*, chambellan du roi Charles VI, dont les domestiques ayant insulté et blessé, le 14 juillet 1408, plusieurs écoliers de l'Université, celle-ci en demanda réparation. Le roi ordonna la démolition de l'hôtel de Savoisy, 1500 liv. d'amende envers les blessés, et 1000 liv. envers l'Université, et de plus, de fonder une chapelle de 100 liv. de rente à la nomination de l'Université. Trois des domestiques furent condamnés à faire amende honorable et au bannissement pour trois ans. Ce ne fut que cent douze ans après que l'Université consentit que l'hôtel fût rebâti. François Ier le donna à Françoise de Longuy, veuve de l'amiral Chabot, qui le vendit à Charles, duc de Lorraine : sa veuve le fit rebâtir en 1634.

Rue des vieilles Audriettes, située entre les rues du Temple et du Grand-Chantier. On y voit la manufacture de tapis veloutés de M. Salandrouze.

Fontaine des Audriettes, au coin de

cette rue. L'eau vient de Belleville. Elle a été construite sur les dessins de M. Moreau, architecte de la ville.

Rue Barbette, entre la vieille rue du Temple et celle des Trois Pavillons.

Le ci-devant hôtel de Barbette, bâti par Étienne Barbette, prévôt de Paris, a donné son nom à cette rue. Isabeau de Bavière, femme de Charles VI, fit l'acquisition de cet hôtel : elle s'y retirait dans les accès de maladie du roi. Philippe-le-Bel en faisait son petit séjour, nom qu'on donnait aux petits hôtels qu'avaient les princes aux portes de Paris. On lui amenait tous les soirs la fille d'un marchand de chevaux, qui était fort belle, et qui fut bien récompensée : on l'appelait publiquement la *petite reine* ; il en eut une petite fille (Marguerite de Valois).

Vieille rue du Temple. Elle tient au carré des Frères du Calvaire et à la rue Saint-Antoine. Elle a eu plusieurs dénominations : en 1505 on la nommait *la clôture du Temple* ou *la clôture de la Chevalerie du Temple*, et puis *la rue des Egouts du Temple*.

Le 23 novembre 1407, le duc d'Orléans, frère unique du roi Charles VI, fut assassiné dans cette rue par Raoul d'Ocquetouville.

On remarquait, vieille rue du Temple, l'hôtel de Strasbourg, bâti sur une portion du terrain de l'hôtel Soubise, par Armand de Rohan, évêque de Strasbourg. Les *archives et l'Imprimerie royale* sont établies à l'hôtel de Soubise, qui appartenait au cardinal de Rohan.

A peu de distance est la paroisse de Saint-François-d'Assise, deuxième succursale de Saint-Méry.

Cul-de-sac d'Argenson. M. Voyer de Paulmy d'Argenson, lieutenant-général de police, président du conseil royal des finances, et garde des sceaux de France, a habité une maison dans ce cul-de-sac.

La rue des Francs-Bourgeois tient à la rue Payenne et à la vieille rue du Temple. Elle doit son nom à la pauvreté de ses habitans, dont la misère était si grande qu'ils étaient déchargés de tous impôts; par suite, cette rue ne le céda à aucune autre pour l'aisance. On y remarquait

L'ancien hôtel de Livri;

L'hôtel le Tellier, ancienne demeure

de Michel Le Tellier, chancelier, de France;

L'hôtel d'Albret, qui tenait son nom de César-Phœbus d'Albret, maréchal de France.

Rue des Trois-Pavillons. Diane de Poitiers, femme de Louis de Brezé, grand sénéchal de Normandie, et que Henri II fit duchesse de Valentinois, demeurait dans cette rue en 1561.

Les Madelonettes, maison d'arrêt rue des Fontaines, entre les rues de la Croix et du Temple, était ci devant un monastère de filles, primitivement instituées par Robert de Montli. Cette maison est pour les femmes prévenues de délits, jusqu'au moment où elles sont mises en jugement. Elle contient aussi, dans un local particulier, les femmes condamnées correctionnellement : on les fait travailler à la couture, à la broderie et à la filature de coton; on y renferme encore les femmes pour dettes, en exécution de jugemens du tribunal de commerce.

Quartier du Marais. Un auteur a dit, il y a vingt-cinq ans, que le Marais était au quartier brillant du Palais-Royal ce que Vienne est à Londres. Là, ajoute-t-il, règne, non la misère, mais l'amas complet de tous les vieux préjugés; les demi-fortunes s'y réfugient. Là se voient les vieillards grondeurs, sombres, ennemis de toutes les idées nouvelles : on y appelle les philosophes des *gens à brûler.*

Il y a dans le Marais de très-belles maisons avec des jardins : les loyers sont d'un tiers moins cher que dans le centre de Paris ; les Juifs habitent principalement et de préférence le quartier du Marais.

Rue Sainte-Avoie, située entre les rues Sainte-Croix-de-la-Bretonnerie et des Vieilles-Audriettes.

Elle a pris son nom d'un couvent des filles Ursulines, sous l'invocation de *Sainte-Avoie.*

On remarque dans cette rue les ci-devant hôtels de la Trémouille et de Mesmes, qui était anciennement l'hôtel d'Anne de Montmorenci, connétable de France. Il y mourut le 12 novembre 1567, des blessures qu'il avait reçues à la bataille de Saint-Denis.

Henri II a fait sa demeure pendant

quelque temps à l'hôtel de Mesmes; Jean Law y a établi la banque générale et ruineuse à laquelle nous devons peut-être les assignats, qui ont eu le même sort que les billets de Law. Les bureaux des impositions du vingtième et de la recette générale des finances, sous l'administration de M. Gravier de Vergennes, maître des requêtes, intendant de ce département, occupaient cet hôtel jusqu'à l'époque de la révolution.

C'est à l'hôtel de Mesmes que M. Haüy, frère du célèbre physicien, avait établi l'institution du Musée des Aveugles. Aujourd'hui c'est la demeure de l'administrateur général des Droits Réunis.

En face est l'hôtel de Saint-Aignan, remarquable par la noble simplicité de son architecture, l'une des plus belles productions du dix-septième siècle, construit sur les dessins de Lemuet : il fut achevé en 1650. Cet hôtel, d'abord hôtel d'Avaux, prit successivement les noms de Mortemar, Beauvilliers, St.-Aignan, d'Asnières, et a repris depuis celui de Saint-Aignan en 1808. Le marquis d'Asnières l'a vendu aux sieurs Cabany frères, cobrèvetés d'importation et de perfectionnement pour leurs registres à dos élastiques et brisés, dont l'excellente reliure a fait faire tant de progrès en France. La manufacture des frères Cabany mérite d'être vue. Ils font en outre un commerce considérable en papiers d'impression, et tout ce qui concerne les bureaux, etc.

On voit encore, rue Sainte-Avoye, n° 58, une synagogue des Juifs.

Rue d'Orléans. On y voit l'ancien couvent des Capucins du Marais, fondé en 1623 par le père Athanase Molé, frère de l'illustre premier président de ce nom.

Rue de Vendôme. A l'angle de cette rue est l'ancien hôtel de l'Hôpital. Du même côté, vers le milieu de la rue, l'ancien monastère ou communauté des Filles pénitentes et volontaires du Sauveur.

Rue des Enfans-Rouges. Marguerite de Valois, sœur de François Ier, avait fait construire un hôpital, dit des *Enfans-Rouges*, pour de pauvres enfans âgés de dix à douze ans. Comme ils ne subsistaient que d'aumônes, et que la charité, dans l'Écriture sainte, est désignée par le rouge et le feu, François Ier avait voulu qu'ils fussent vêtus de rouge. Le 5 juin 1772 cet hôpital a été supprimé, et les enfans ont été transférés à celui des Enfans-Trouvés. Une rue a été percée sur le terrain.

L'hôtel de M. de Nicolaï, premier président à la chambre des comptes, fait l'encoignure des rues des Enfans-Rouges et d'Anjou.

Rue des Blancs-Manteaux. Elle tient à la vieille rue du Temple et à celle Sainte-Avoye. On remarque l'église des Blancs-Manteaux, succursale de la paroisse Saint-Méry.

Dans la même rue est le

Mont-de-Piété. En 1786 on éleva dans cette rue, un peu au-dessus du couvent des Blancs-Manteaux, un bâtiment considérable pour cet établissement au profit des pauvres, formé par lettres patentes du 9 décembre 1777. Cet établissement a deux entrées, l'une dans la rue de Paradis, l'autre dans celle des Blancs-Manteaux.

Il y a quatre succursales du Mont-de-Piété placées dans différens quartiers de Paris, indépendamment d'un grand nombre de petits bureaux, de manière à faciliter les particuliers qui sont réduits à engager leurs effets.

Hôtel de Soubise. L'on remarque ce magnifique hôtel, qui règne tout le long de la rue du *Chaume*, depuis l'angle de la rue de *Paradis* jusqu'au coin de celle des *Quatre-Fils*. Il a été rebâti en 1706 sur les dessins de Lemaire, architecte.

Le prince de Guémenée et le cardinal de Rohan ont habité ce palais.

L'hôtel de Soubise a porté le nom d'hôtel des Grâces, parce qu'après une émeute populaire, arrivée en 1392, Charles VI fit assembler les principaux bourgeois de Paris, et leur fit grâce publiquement dans cet hôtel.

Les écuries de ce palais sont superbes et peuvent contenir trois cents chevaux.

C'est dans cet hôtel que les citoyens allaient, en 1793, sous le règne de la convention nationale, faire leurs déclarations pour l'emprunt forcé.

Buonaparte a fait transporter à l'hôtel Soubise les archives de l'empire français, ainsi que les archives enlevées à Rome lors de la captivité du saint-père Pie VII.

L'imprimerie royale occupe aussi l'hôtel Soubise du côté de la vieille rue du Temple.

Rue du Chaume, près l'hôtel Soubise. Charles de Blois et le comte de Montfort se faisaient la guerre pour la succession au duché de Bretagne. Philippe de Valois, oncle de Charles de Blois, fit trancher la tête à Olivier III, sire de Clisson, et à plusieurs autres seigneurs bretons, le 2 août 1342, aux halles de Paris.

Rue Sainte-Croix-de-la-Bretonnerie, située entre les rues Sainte-Avoye et du Temple.

L'église de Sainte-Croix-de-la-Bretonnerie était occupée par des religieux depuis le commencement du dix-huitième siècle : saint Louis leur donna en 1258 l'ancien emplacement de la monnaie, en y joignant quelques maisons contiguës. C'était dans ce bâtiment que les anciennes minutes du conseil d'état étaient déposées.

Rue des Billettes, située entre les rues Sainte-Croix-de-la-Bretonnerie et des Blancs-Manteaux.

Le ci-devant couvent des Carmes-Billettes a été bâti sur le terrain qu'occupait anciennement la maison d'un juif nommé *Jonathas* ou le *bon Juif*, brûlé vif en place de Grève en 1290, pour avoir exigé d'une pauvre femme qu'elle lui apportât l'hostie qu'elle recevrait à la communion. Il n'eut pas plutôt cette hostie qu'il la perça de coups de canif, et l'histoire dit qu'il en sortit du sang. La maison et les autres biens de ce juif furent confisqués au profit du roi Philippe-le-Bel, qui en donna une partie à un particulier nommé *Regnier Flaminge*, qui y fit construire une chapelle nommée *la chapelle des Trois-Miracles*. L'autre partie de la maison fut donnée, en 1299, aux frères de la Charité de Notre-Dame.

L'on voyait encore dans cette église, à l'époque de la révolution, le *canif* et la *jatte de bois* dans laquelle l'hostie avait été rapportée par une femme. Ces religieux avaient enchâssé le tout dans des reliquaires d'argent.

Place de Grève. Elle tient au quai Pelletier et au Port-au-Bled.

La place de Grève est très-irrégulière ; elle est peu convenable pour les fêtes publiques, et a été le théâtre de grands événemens, surtout depuis la révolution : on les lira à la suite de l'article *Hôtel-de-Ville*.

Le marquis de Favras a été pendu sur cette place le 18 février 1790. Carrier, Topinau-Lebrun, Georges, chef des Vendéens, etc., y ont été décapités.

Pendant les années 1792, 93 et 95, on n'a point fait d'exécutions sur la place de Grève. Depuis huit ans, les exécutions à mort se font sur cette place, à quatre heures, après la fermeture des bureaux de la préfecture.

Le premier supplice qu'on ait fait subir sur la place de Grève est celui de Marguerite Porette, dite hérétique, qui y fut brûlée en 1310.

Hôtel-de-Ville, situé place de Grève. Cet édifice est un bâtiment gothique, commencé sur les dessins de Dominique Cortone, architecte italien, sous François Ier, qui en posa la première pierre le 15 juillet 1533 ; il ne fut achevé qu'en 1605.

Au fond de la cour était une statue pédestre, en bronze, de Louis XIV, vêtu à l'antique, faite par Coyzevox ; elle était élevée sur un piédestal de marbre blanc, et accompagnée d'ornemens.

La cour est assez belle, quoique très-

petite; elle est entourée d'arcades qui soutiennent ce bâtiment.

On lisait, sur la frise de marbre qui règne au pourtour de cette cour, des inscriptions qui marquaient les principaux événemens du règne de Louis XIV.

Là était tracé en lettres d'or, au nombre de ses actions glorieuses depuis son mariage conclu en 1659, jusqu'en 1689.

1685. Édit de Nantes révoqué, et l'hérésie entièrement éteinte en France par le zèle et la piété du Roi.

1689. Protection donnée au Roi, à la Reine d'Angleterre, au prince de Galles contre leurs sujets rebelles.

Ces événemens étaient suivis de ce qui est arrivé de plus remarquable sous le règne de Louis XV. On voyait autour de cette cour les portraits sculptés en médaillons des prevôts des marchands et des échevins. Les appartemens de l'Hôtel-de-Ville étaient ornés de tableaux du plus grand prix, et de tous les portraits des prevôts et des échevins. Louis XIV était représenté en grand, habillé comme le jour de son sacre. Un autre tableau représentait le festin que le corps de ville donna à ce prince.

L'échevinage donnait la noblesse; mais l'on s'en moquait, comme sous Charles V, qui avait anobli tous les bourgeois de Paris.

Pendant le cours de la révolution, l'Hôtel-de-Ville se nommait *Maison Commune*. L'on avait décoré la grande salle des bustes de Marat et de Châlier. Hébert, dit le père Duchesne, et Chaumette, procureur de la Commune, y ont déployé toute leur éloquence. Depuis le retour des Bourbons on rétablit les grandes fleurs de lis sur les soubassemens des colonnes qui décorent le rez-de-chaussée.

Faits historiques sur l'Hôtel-de-Ville et la place de Grève, depuis 1787.

1787. — 24 août. Une multitude se porta sur cette place, par suite de l'insurrection qu'il y eut au Palais et place Dauphine, relativement à la disgrâce du ministre de Brienne. Une force armée attendait le peuple, et par une seule décharge tua trente-sept personnes, qui furent aussitôt jetées à la rivière.

1789. — 14 juillet. Les électeurs de la

ville de Paris, assemblés à l'Hôtel-de-Ville, rendent une ordonnance qui fixe l'état de la milice bourgeoise et envoient une députation auprès du gouverneur de la Bastille pour lui demander des armes.

1789. — Le même jour. Le prevôt des marchands, M. de Flesselles sort de l'Hôtel-de-Ville; il est assassiné sur la place de Grève, au coin du quai Pelletier.

1789. — Le même jour. L'on amène à l'Hôtel-de-Ville Delaunay, gouverneur de la Bastille, son major et son aide-major. Ils furent massacrés sur les marches de l'Hôtel-de-Ville. Des canonniers furent pendus à un réverbère, place de Grève, en face de l'Hôtel-de-Ville, au coin de la rue de la Vannerie, maison de l'épicier.

1789. — 15 juillet. M. Bailly est nommé maire provisoire de la ville de Paris.

1789. — 17 juillet. Louis XVI arrive à l'Hôtel-de-Ville; et pour dernier gage de paix, le roi accepte la cocarde de la milice de Paris, et en reconnaît M. de La Fayette colonel-général.

1789. — 23 juillet. M. Berthier, intendant de Paris, et M. Foulon, intendant du commerce, son beau-père, sont massacrés sur les marches de l'Hôtel-de-Ville.

1789. — 27 juillet. Les représentans de la Commune organisent un comité de police et militaire composé de soixante membres.

1789. — 30 juillet. Le roi ayant invité M. Necker à reprendre ses fonctions de ministre des finances, il se rend à l'Hôtel-de-Ville.

1789. — 6 octobre. Le roi avec toute sa famille arrive à l'Hôtel-de-Ville, pour déclarer qu'il se rend aux vœux du peuple, et vient faire sa résidence dans la capitale.

1789. — 21 octobre. Les représentans de la Commune organisèrent un comité de *recherches ;* ce mot annonçait déjà des conspirations imaginaires.

1790. — mai. On organise la municipalité.

1790. — août. M. Bailly est réélu maire de Paris.

1790. — 22 novembre. M. Duport-Dutertre, procureur de la Commune, reçoit le compliment de sa nomination de garde-des-sceaux. Il est remplacé par Billaud Varennes.

1790. — 17 juillet. On exposa à l'une des croisées de la Maison Commune le drapeau rouge pour l'exécution de la loi martiale, relativement à un rassemblement qui se formait au Champ-de-Mars.

1791. 1er octobre. M. de La Fayette donne sa démission de commandant général de la garde parisienne. M. Mandat est nommé à sa place.

1791. — 14 novembre. M. Bailly présente au conseil général de la Commune M. Pétion, qui le remplace dans les fonctions de maire.

1791. — 2 décembre. M. Manuel est nommé procureur de la Commune.

1791. — 8 décembre. Danton est nommé substitut du procureur de la Commune.

1792. — février. La municipalité reçoit une lettre du roi, qui dément les faux bruits de son départ de Paris.

1792. — mai. Le conseil général de la Commune se déclare permanent.

1792. — juillet. Pétion est suspendu de

ses fonctions de maire par suite de la journée du 20 juin au château des Tuileries.

1792. — 10 août. La Commune dirige le siége du château des Tuileries. M. Mandat, commandant général de la garde parisienne, est massacré sur les marches de l'Hôtel-de-Ville. Santerre est nommé à sa place.

1792. — août. Le maire Pétion demande la déchéance du roi au nom des sections de Paris.

1792. — août. Un nouveau prétendu conseil général de la Commune est organisé et composé de trois citoyens par chacune des 48 sections de Paris.

1792. — 1er septembre. C'est à l'Hôtel-de-Ville que s'est tenu le comité d'insurrection pour les massacres qui ont commencé dans les prisons.

1792. — septembre. Pétion est réélu maire. M. Cambon, médecin, a été maire de Paris pendant deux mois.

1792. — 13 décembre. Pache est nommé maire de Paris à la place de Cambon; Chaumette, procureur de la Commune;

Sur l'Hôtel-de-Ville.

Hébert et Lebois, substituts. M. Réal a remplacé Lebois.

1794. — 9 mai. (21 floréal an II). Un nommé Fleuriot, Belge, est nommé maire de Paris à la place de Pache; Payen, procureur de la Commune.

Robespierre l'aîné, avec son frère, St.-Just, Lebas, etc., se réfugièrent à l'Hôtel-de-Ville; ils y furent arrêtés et décapités au nombre de vingt-deux, dont Henriot, le maire Fleuriot, Payen, Couthon. L'un des conjurés s'est brûlé la cervelle dans l'une des cours de l'Hôtel-de-Ville.

1794. — juillet (10 thermidor an II). Soixante-dix membres de la Commune furent décapités.

1794. — juillet (12 thermidor an II). Quinze membres de la Commune, et Dumas, président du tribunal révolutionnaire, éprouvèrent le même sort sur la place Louis XV, dite *de la Révolution*.

La ville de Paris a donné à Buonaparte une fête brillante lors de sa nomination d'Empereur. En 1813, le général Mallet envoya un aide-de-camp à l'Hôtel-de-Ville pour annoncer au préfet Frochot la mort de Buonaparte à Moscou, et de disposer un local pour un gouvernement provisoire. Deux mois après la mort de Mallet, au retour de Buonaparte de Moscou, le préfet Frochot est disgracié. Il est remplacé par M. Chabrol.

Rue du Martrois, située près l'arcade de Saint-Jean en Grêve, à côté de l'Hôtel-de-Ville et la rue de la Levrette.

C'est dans cette rue que le jeune roi Philippe, passant près de Saint-Gervais, un cochon s'embarrassa dans les jambes de son cheval et l'abattit : ce jeune prince tomba si rudement, qu'il en mourut le 3 octobre 1131.

Église Saint-Gervais, succursale de la paroisse Notre-Dame, située derrière l'Hôtel-de-Ville. Cette église existait déjà sous l'épiscopat de saint Germain, évêque de Paris, dans le sixième siècle, dans le bourg dit de *la Grêve*. Au onzième siècle elle appartenait aux comtes de Meulan, qui en firent don au prieuré de Saint-Nicaise.

On voyait encore il y a vingt-cinq ans l'orme qu'il était d'usage de planter sur la place devant cette église, et sous lequel se faisaient les publications, les jugemens et autres affaires civiles. Sont enterrés dans cette église le chancelier Voisin; Claude Pelletier, contrôleur-général des finances, mort en 1711; Paul Scarron, époux de Françoise d'Aubigné, depuis madame de Maintenon; Amelot de La Houssaie, en 1706; La Fosse, auteur de Manlius, en 1708.

Rue du Monceau Saint-Gervais. C'est dans l'une des maisons de cette rue que Voltaire s'était retiré, pendant que l'un de ses amis faisait imprimer à Londres ses lettres sur les Anglais. Il y fut arrêté et conduit à la Bastille.

L'hôtel de Pierre de Craon était sur le terrain de l'ancien cimetière Saint-Jean; il fut démoli; et tous ses biens confisqués après qu'il eut assassiné le connétable de Clisson en 1391. L'on fit après un marché du cimetière.

Quai de la Gréve. Il tient à l'Hôtel-de-Ville et à la rue Geoffroy-l'Asnier. Le Port-au-Bled, il y a trente ans, présentait un spectacle curieux par le grand nombre de tabagies et bastringues qui occupaient toutes les boutiques des maisons qui bordent ce quai.

Quai Pelletier. Situé entre la place de Grève et le pont Notre-Dame. Il a été construit par Bullet en 1675, sous la prevôté de Claude-Pelletier, prevôt des marchands, devenu depuis contrôleur-général. Le quai Pelletier est beaucoup trop étroit ; on y voit quantité d'orfèvres.

Quai de Gévre, situé entre les ponts Notre-Dame et du Change.

Ce quai est très-beau par sa largeur, ses trottoirs et son parapet. On y voyoit il y a encore deux ans, du côté de la rivière une grande quantité d'échoppes de marchands de vieille ferraille et des marchands de chiffons. Ce genre de commerce se fait actuellement au Temple.

Ce quai était, il y a trente ans, couvert de maisons, sous lesquelles régnait une galerie, dont les boutiques étaient occupées par des marchands.

Rue de la Verrerie. Elle aboutit à la rue Saint-Martin et au marché Saint-Jean. C'est le quartier des tapissiers.

C'est dans la rue de la Verrerie que demeurait le peintre Gringoneur, inventeur des cartes à jouer sous le règne de Charles VI. L'usage des cartes n'était point connu avant cette époque ; elles furent inventées pour procurer quelque soulagement à Charles VI pendant les intervalles de sa grande maladie.

Rue des Mauvais Garçons. Entre celles de la Tixéranderie et de la Verrerie.

Elle a d'abord été nommée rue de *Chartron*, ensuite rue de *Craon*, de Pierre de Craon, chambellan et favori du duc d'Orléans, qui y avait un hôtel; mais s'étant caché, accompagné de vingt assassins, pour poignarder le connétable de Clisson, la rue fut appelée *des Mauvais-Garçons*.

Rue des Écrivains. Elle tient aux rues de la Vieille Monnaie et des Arcis. C'était la demeure de Nicolas Flamel, homme très respectable; il employa sa fortune à fonder des hôpitaux.

Rue des Arcis. Elle tient à celles Saint-Jacques de la Boucherie et de la Verrerie. On voit *la tour de S. Jacques la Boucherie* rue des Arcis. L'église était une des plus anciennes paroisses; elle a été détruite depuis la révolution. Elle renfermait les cendres du fameux alchimiste Nicolas Flamel, né à Pontoise.

Le clocher, carré, et bâti sous François 1er, a été vendu à un particulier qui a trouvé son avantage à le laisser subsister. Le propriétaire l'a loué à un Anglais qui passe dans le voisinage pour un sectateur de Nicolas Flamel, parce qu'il a établi dans cette tour une fonderie, où il ne permet à personne d'entrer.

Rue du Pet-au-Diable, située entre la rue de la Tixeranderie et le cloître Saint-Jean.

Le nom de cette rue lui vient d'une tour carrée fort ancienne, qui servait autrefois de synagogue aux juifs, que, par mépris pour les Israélites et leur sabbat, on appelait la tour de l'hôtel du *Pet-au-Diable ;* elle a été démolie, et le nom est resté à la rue.

Rue Sainte-Apolline, près les rues Saint-Denis et Saint-Martin. On y remarque le *Bureau des Nourrices*, qui place annuellement cinq mille enfans.

Ce bureau des nourrices, qui existe depuis fort long-temps, est un établissesement salutaire pour la conservation de l'espèce humaine.

On remarque encore dans cette rue la fabrique de prunelles, yeux, dents, bras et jambes artificiels, chez M. Hazard.

Rue Aubry-le-Boucher. Entre les rues Saint-Denis et Saint-Martin. Elle fut ainsi nommée d'Aubry le boucher, bourgeois de Paris. En 1309, un homme qu'on menait au supplice fut délivré dans cette rue par le cardinal de Saint-Eusèbe. Les cardinaux ont prétendu pendant long-temps qu'ils avaient le privilége (comme autrefois les Vestales à Rome) de donner la vie à un criminel en affirmant qu'ils ne s'étaient rencontrés que par hasard sur son passage.

Passage de la Réunion, situé entre les rues Saint-Martin et Beaubourg.

On y remarque des magasins de mousselines en gros, une fabrique de boutons de métal.

Rue Geoffroy - Langevin, située entre les rues Beaubourg et Sainte-Avoye. On y trouve le magasin de cartes géographiques de M. Chanlaire.

Rue aux Ours, située entre celles Saint-Denis et Saint-Martin.

Depuis quatre siècles l'histoire parle du suisse de la rue aux Ours. Le fanatisme outré a fait, de tous les temps, verser beaucoup de sang.

Le 3 juillet 1418, un soldat suisse ayant

perdu son argent et ses habits au jeu, jurant et blasphémant le nom de Dieu, frappa avec fureur d'un couteau une image de la Vierge qui était au coin de cette rue et celle de Salle-au-Comte : l'on insinua à la multitude qu'il en était sorti du sang.

Le parlement de Paris rendit un arrêt qui ne lui fit pas beaucoup d'honneur.

Ce soldat, qui devait être considéré comme fou, fut lié à un poteau devant l'image, depuis 6 heures du matin jusqu'au soir, et frappé de courges; ses entrailles sortaient de son corps; il eût la langue percée d'un fer chaud, et fut ensuite jeté au feu. Tous les ans, à pareil jour, l'on promenait une grande figure d'osier sur laquelle on répétait les mêmes flagellations que le malheureux suisse avait éprouvées. Cette cérémonie durait trois jours ; ce simulacre était ensuite brûlé.

Rue Salle-au-Comte. Entre celle aux Ours et Saint-Magloire.

Henri de Marle, chancelier de France, massacré en 1418, avait sa maison dans cette rue.

Rue Transnonain, située entre les rues Grenier Saint-Lazare et Aumaire. On y voyait le monastère des religieuses Carmélites depuis 1625.

Rue Trousse-Vache. Elle tient aux rues *Saint-Denis* et des *Cinq Diamans*. C'est dans cette rue que le cardinal de Lorraine, revenant du concile de Trente, voulut faire une espèce d'entrée dans Paris : le gouverneur de cette capitale lui envoya dire qu'il ne le souffrirait pas; le cardinal répondit avec hauteur, et continua sa marche. Montmorenci le rencontra vis-à-vis des charniers des Innocens, fit main-basse sur l'escorte du cardinal, et son éminence se sauva dans l'arrière-boutique d'un marchand de cette rue, où il resta caché jusqu'à la nuit sous le lit de la servante, d'où il ne sortit que lorsque celle-ci voulut se coucher.

Rue Quincampoix, située entre les rues *Aubry-le-Boucher* et *aux Ours*. La rue Quincampoix est fameuse dans l'histoire par le jeu effroyable que Law, contrôleur-général des finances, fit jouer à toute la France, sous les auspices du régent. L'or et l'argent n'avaient plus de valeur; on se portait en foule dans cette rue pour avoir des espèces monnayées. La rue Quicampoix est très-commerçante. Il y a eu sous Buonaparte une maison de jeu dans cette rue.

Rue de la Poterie, située entre les rues de *la Lingerie* et de *la Tonnellerie*. C'est dans cette rue qu'a commencé le spectacle français en 1600.

Rue de la Tixeranderie. Elle tient à la rue de la *Poterie* et à la place *Baudoyer*. Paul Scarron et sa femme (depuis madame de Maintenon), logeaient au second étage d'une maison de cette rue ; ils n'avaient pour tout logement que deux petites pièces. Remontons à la *Barrière Saint-Denis*.

Barrière-Saint-Denis, contiguë avec le village de la *Chapelle*, de ce nom. Cette barrière n'a rien de remarquable. Le 3 mai 1814, Louis XVIII a fait son entrée à Paris par cette barrière. Il était accompagné de madame la duchesse d'Angoulême, sa nièce, fille de Louis XVI, du prince de Condé et du duc de Bourbon.

Faubourg Saint-Denis. Le commerce est beaucoup plus considérable dans ce faubourg que dans celui Saint-Martin ; on y remarque la *Prison de Saint-Martin*, destinée à la réclusion des femmes condamnées par la cour criminelle. Le nombre est toujours considérable. Elles sont ocopées à la couture, à la filature et à la broderie, qu'on y a portées au plus haut degré de perfection.

C'était avant la révolution la maison des prêtres de la *Mission de Saint-Lazare*. Elle a servi d'hôpital pour les ladres et pour les lépreux. En 1632 les chanoines réguliers de l'ordre de Saint-Augustin, qui occupaient cette maison, desservaient cet hôpital; elle devint ensuite le chef-lieu d'où saint Vincent-de-Paule propagea ses touchantes institutions. Avant la révolution, l'on enfermait dans des corps de bâtimens particuliers des jeunes libertins que les familles jugeaient à propos de confier à la correction des Pères de Saint-Lazare. Pourtant Caron de Beaumarchais, Sylvain Maréchal et plusieurs autres écrivains y ont été renfermés, non comme libertins, mais comme hommes de lettres.

Eglise de Saint-Lazare, paroisse. En 1789, le 13 juillet, le peuple se porta à la maison de Saint-Lazare pour demander du blé et de la farine, qu'on savait que les pères avaient en quantité.

Les moines répondirent qu'ils n'en avaient que pour leur consommation. On fit perquisition et on en découvrit cinquante voitures, qui furent conduites à la Ville.

Le peuple, indigné du mensonge et de l'égoïsme des Lazaristes, voulait les pendre, ils eurent le bonheur de se sauver.

Mais des forcenés mêlés parmi le peuple se portèrent à des excès ; ils s'enivrèrent des vins et des liqueurs dont les moines avaient grandes provisions dans leurs caves. Le feu prit aux granges ; sans de prompts secours, tout le quartier Saint-Laurent eût été incendié.

On voyait encore la *maison des Filles de Charité*, servantes des pauvres malades.

On remarquait dans le faubourg le bâtiment des *petites écuries du Roi*, où étaient remisées les voitures de cérémonies, et autres de sa maison.

Le ci-devant *séminaire de St.-Charles*, situé au bout de l'enclos de Saint-Lazare, était indépendant de la mission de Saint-Lazare, et destiné pour les prêtres de cette mission, lorsqu'ils étaient convalescens ; plusieurs prélats venaient s'y mettre en retraite ; il y a dans le faubourg Saint-Denis des bureaux de voitures ou diligences pour toutes les routes du côté du nord.

Boulevard Saint-Denis, situé entre la porte Saint-Martin et celle Saint-Denis. Ce boulevard n'a rien de remarquable ; on remarque au coin un très-beau café.

Porte Saint-Denis. La porte Saint-Denis, l'un des plus beaux monumens de Paris, est située au haut de la rue de ce nom, et fait la séparation du faubourg Saint-Denis. La ville de Paris voulut consacrer par ce monument, élevé sur les ruines de l'ancienne porte du même nom, le fameux passage du Rhin, la prise de quarante villes fortifiées, et trois provinces réduites au pouvoir de Louis XIV dans l'espace de deux mois.

C'est par cette porte que les rois de France faisaient leur entrée. Louis XVIII a fait son entrée à Paris le 3 mai 1814 par cette porte.

La première femme qui fut pendue en France le fut à la porte Saint-Denis.

Rue Saint-Denis. Cette rue commenc à la porte Saint-Denis et se termine à cell de Saint-Jacques-de-la-Boucherie. C'est l'une des plus longues rues de Paris et des plus commerçantes.

On y remarquait :

La Congrégation des Dames de l'union chrétienne de Saint-Chaumont. La statue de Louis XIV qui était à la place des Victoires a été jetée en fonte dans le jardin de cette maison ;

L'église de Saint-Leu-Saint-Gilles, érigée en paroisse en 1617, aujourd'hui succursale de Saint-Nicolas-des-Champs ;

L'église du Sépulcre, collégiale fondée par des pèlerins qui avaient fait vœu d'aller visiter le saint Sépulcre ;

Les religieuses de Saint-Magloire se nommaient *Filles Pénitentes de Saint-Magloire*. Elles devaient leur institution à Jean Tisseran, cordelier, qui prêcha avec tant de force et d'éloquence contre le libertinage, que deux cents filles publiques s'amendèrent et vinrent se jeter dans ses bras. Le nouvel apôtre les reçut, les consola et les cloitra. Alexandre VI confirma cet établissement autorisé par Charles VIII; la bulle est du mois d'octobre 1495;

L'hôpital de Sainte-Catherine, établi en

1521. Les religieuses qui occupaient cette maison suivaient la règle de St.-Augustin ; elles donnaient la nourriture et le logement aux femmes et aux filles qui se trouvaient sans condition ;

L'église des Innocens, fondée dans le onzième siècle, rebâtie en 1445 ;

Les Charniers des Innocens ont servi de cimetière pendant plus de mille ans à plusieurs paroisses voisines, jusqu'en 1765 ; l'on a abattu le corridor voûté qui le fermait du côté de la rue au Fer ;

L'église Saint-Sauveur, qui n'était originairement qu'une simple chapelle, fut érigée en paroisse dans le treizième siècle.

Les fameux Turlupin, Gautier, Granville, Gros-Guillaume, Guillot, Gourju, célèbres acteurs comiques, ont été inhumés dans cette église, ainsi que Raymond Poisson, comédien renommé, et le poëte Verger ;

Les Filles-Dieu, fondation pour cent filles chanteuses.

Charles VIII posa la première pierre de l'église des Filles-Dieu en 1495.

Marché des Innocens. Ce marché est situé entre la rue Saint-Denis et la Halle aux Draps.

La place a servi de cimetière jusqu'en 1785. Les provisions de toutes espèces arrivent depuis minuit. A six heures une cloche avertit que le marché est ouvert; les marchandes ne peuvent rien enlever du marché avant cette heure, et par conséquent sont censées ne pouvoir acheter avant les particuliers; mais il en est de ce marché comme de la foire de Beaucaire; les acquisitions sont faites avant l'ouverture; d'un clin-d'œil les marchandes de la halle accaparent le meilleur.

A dix heures le marché des Innocens change de physionomie, les paysans disparaissent.

C'est à minuit et à quatre heures du matin qu'il faut aller sur ce marché pour examiner le spectacle qu'offrent d'une part les vendeurs, de l'autre les acheteurs, et les monceaux de légumes, en forme de pyramides, qui engorgent la rue de la Ferronnerie jusqu'à huit heures du matin.

Le marché des Innocens est le plus considérable et le plus curieux de Paris.

Au milieu de ce marché est placée la

superbe fontaine des Innocens, dont nous allons parler.

A cette place aboutissent :

La halle aux fruits, dont la principale entrée est au bout de la rue de la Fromagerie; la halle à la marée au bout de la rue de la Cossonnerie ;

La halle, ou le marché aux poirées, qui s'étend depuis la rue de la Lingerie, jusqu'à la rue de la Fromagerie ;

La halle au poisson d'eau douce, rue de la Cossonnerie ;

La halle à la saline, dont l'entrée est vis-à-vis le Pilori ;

La halle au beurre et aux œufs ;

La halle à la viande, ci-devant halle au bled ;

Le marché aux bouquets, rue au Fer.

Toutes les boutiques de cette rue sont occupées par des marchands de rubans, de franges, de merciers, etc.

Si les fournitures qui arrivent aux halles manquaient un seul jour, les denrées doubleraient de prix; au troisième jour, Paris serait affamé.

Les Parisiens se sont amusés, pendant

de longues années, des expressions burlesques et des juremens des poissardes : on copiait leur ton. Vadé s'est distingué en ce genre ; mais les calembours sont venus, et ont tout anéanti. On ne se souvient plus de Vadé ; on a parlé long-temps de Jeannot ; mais il n'est plus question aujourd'hui que de Brunet.

Les poissardes de la halle et de la place Maubert, les harangères avaient avant la révolution le privilége à la naissance d'un fils de France, lors d'un mariage ou d'une victoire remportée, ainsi qu'au premier jour de l'an, d'aller complimenter le roi, la reine et les princes. On leur servait ensuite un très-bon dîner au grand commun à Versailles ; un des premiers officiers du chef de la maison du roi était chargé de faire les honneurs. Souvent le roi leur faisait donner de l'argent. Ces poissardes de retour à Paris se promenaient triomphantes, et rendaient compte à la halle de la bonne réception qui leur avait été faite. L'on choisissait ordinairement les plus jolies.

Ces dames ont obtenu la jouissance de leur ancien privilége à l'entrée à Paris de Louis XVIII, de Monsieur, comte d'Artois, etc.

Fontaine des Innocens.

Fontaine des Innoçens, située au milieu de la place du marché de ce nom, était anciennement au coin des rues Saint-Denis et au Fer, à côté de l'église des Innocens. Cette église ayant été démolie, et son cimetière converti en marché, on a transporté cette belle fontaine au milieu de la place. Aux quatre faces du soubassement sont quatre carrés sur lesquels sont posés quatre vastes bassins en plomb de forme antique, avec leur patte en forme de lion, du même métal. Au-dessus, et sur les quatre angles du socle, sont quatre lions égyptiens, aussi en plomb, moulés à Rome sur ceux de la fontaine *Termini*, qui doivent fournir chacun un jet, et le verser dans les bassins dont nous venons de parler. Au-dessous et dans le vide de la fontaine, on voit à travers les quatre portiques un bassin de métal élevé sur un piédouche très-svelte. On lit sur de petites tables en marbre noir cette inscription, qui annonce que ce beau monument avait été dédié aux nymphes des fontaines :

Fontium Nymphis.

On y a aussi gravé ces deux beaux vers

latins, composés en 1689 par le poëte Santeuil :

Quos duro cernis simulatos marmore fructus,
Hujus nympha loci credidit esse suos.

La sculpture de ce beau monument est de Jean Goujon. La plus belle fontaine construite sous le règne de Buonaparte est bien inférieure à celle des Innocens.

Charniers des Innocens. L'on a parlé long-temps des écrivains des charniers des Innocens, qui faisaient des placets pour cinq sous ; ceux pour le roi et pour les ministres se payaient douze sous, *attendu*, disaient-ils, *qu'il y entrait de la batarde et que le style était plus relevé.* Ils vendaient aussi des billets de confession pour le même prix. On remarque dans le passage du marché des Innocens de jolies lingères et marchandes de modes.

Il y a trente ans, les lingères de ce quartier et de la rue Saint-Denis avaient une toilette d'une coquetterie simple ; toutes avaient de petits bonnets ; aujourd'hui leur mise est la même que celle des filles de boutiques du Palais-Royal.

Halle aux draps et à la toile, située entre le marché des Innocens et la rue de la Tonnellerie. Ces deux halles sont construites sur les dessins de MM. Molinos et Legrand, qui ont employé pour la couverture le même procédé de charpente que pour la halle au bled.

Rue des Piliers des halles. Elle tient aux rues de la Fromagerie et Saint-Honoré.

Nous invitons les étrangers à jeter un coup-d'œil sur la seconde maison des piliers des Halles, en entrant à gauche par la rue Saint-Honoré. C'est là que le célèbre Molière est né : son père, valet-de-chambre tapissier de Louis XIV, tenait la boutique qui est aujourd'hui occupée par un fripier. Pour consacrer le souvenir de cette naissance illustre, M. Lenoir, conservateur du Musée français, a fait mettre sur cette maison l'inscription suivante :

> Jean-Baptiste Pocquelin de Molière
> est né dans cette maison en 1620.

Il serait à désirer qu'une inscription semblable se fît remarquer sur chaque maison qui aurait vu naître un homme dont la célébrité ne s'oubliera jamais.

Piliers des Halles. Ils tiennent aux rues de la Tonnellerie et Saint-Honoré. C'est aux piliers des Halles que Charles V, encore dauphin, haranguait de toutes ses forces contre Charles-le-Mauvais, roi de Navarre, mais il fut sifflé parce qu'il n'avait pas la bonne mine et l'éloquence de son adversaire.

Les piliers des Halles datent du règne de Louis VI; l'emplacement fut augmenté sous Philippe-Auguste, et ces halles se multiplièrent.

Halle au bled et à la farine, située près Saint-Eustache et la rue de Viarmes. Ce fut M. de Viarmes, prevôt des marchands, qui conçut le projet d'élever une halle aux farines sur l'emplacement de l'hôtel de Soissons, que la ville venait d'acheter, et ce fut M. le Camus de Mézière qui en fut l'architecte.

Catherine de Médicis fit bâtir, sur les dessins des Bullant, la grande colonne d'ordre dorique que l'on voit à l'extérieur, et qui lui servait d'observatoire. Cette colonne cannelée, dont le fût renferme un escalier à vis, est chargée en quelques endroits de couronnes, de trophées, de C et de H entrelacés, de miroirs cassés et de lacs d'amour déchirés, figures allégoriques du veuvage de cette princesse. Au bas de ce monument on a pratiqué une fontaine qui donne de l'eau de la Seine. Un incendie en a détruit le comble : Buonaparte l'a fait rétablir, mais en fer coulé; il a aussi ordonné la démolition de plus de cent maisons pour agrandir les issues. Buonaparte disait que *la Halle aux blés* était le musée du peuple.

La Halle au blé est entourée de bâtimens réguliers en forme de rotonde; presque tous les entresols sont occupés par des filles publiques, qui se tiennent à leurs croisées, y appellent les passans, et épient les cultivateurs qui viennent vendre leur farine; plusieurs sont victimes des piéges que leur tendent ces prostituées.

Rue Montorgueil, entre les rues de la Tonnellerie et Saint-Sauveur.

Cette rue est renommée depuis long-temps pour les huîtres. On dirait que la mer y a passé, par l'immense quantité de coquilles d'huîtres qu'on voit amoncelées en forme de pyramides de dix pieds de haut.

Il faut aller au Rocher de Cancale, tenu

par *Baleine*, et au Rocher d'Etretat, tenu par *Beauvais*, vous y mangez des huîtres, des matelottes, des goujons frits, des poissons de mer les plus recherchés, des rognons au vin de Champagne, des poulardes du Mans, de la Flèche, etc.

C'est au rocher de Cancale et au rocher d'Etretat que l'on peut juger en dernier ressort le fameux procès sur la préférence à accorder aux poulardes du Mans, ou à celles de la Flèche.

On peut déjeuner dans ces deux endroits très-modestement, depuis six francs par tête jusqu'à soixante. On est passablement bien servi, à l'exception que tout ce qu'on y mange est un peu trop *salé*.

Le rocher de Cancale est le rendez-vous des auteurs de l'almanach des Gourmands et de tous les poëtes lyriques.

Crébillon fils mangeait cent douzaines d'huîtres en buvant du lait chaud. Il est reconnu que c'est le seul dissolvant des huîtres.

Près de cette rue est celle Beaurepaire, où il y a un jeu de paume.

Rue Tire-Boudin. Cette rue tient à la rue Montorgueil et à celle des Deux-Portes.

Elle se nommait anciennement T...-V. Marie Stuart, femme de François II, passant dans cette rue, en demanda le nom ; il n'était pas honnête à prononcer : on en changea la dernière syllabe, et ce changement a subsisté.

De toutes les rues affectées aux femmes publiques, celle-ci et la rue Brisemiche, étaient les mieux fournies en nombre, mais non en beautés. En 1387 le prevôt de Paris rendit une ordonnance qui chassait ces femmes de la rue Brisemiche, à la requête du curé de Saint-Méri, et *attendu l'indécence de leur domicile si près d'une église et d'un chapitre.* Des bourgeois s'opposèrent à l'exécution de cette ordonnance. Le curé de Saint-Méri trouva le moyen de se venger de l'un de ces bourgeois, en le faisant condamner à faire amende-honorable, un dimanche, à la porte de la paroisse, pour avoir mangé de la viande un vendredi.

Rue de la Grande Truanderie, située entre celles de la Poterie et la place Baudoyer.

On avait formé dans cette rue une école de boulangerie ; on y fabriquait le pain blanc pour l'école militaire, et le pain bis des prisons de Paris, en présence de MM. Parmentier et Cadet-Devaux. Au fond de la cour de la boulangerie était la communauté des Frères Cordonniers.

Place du Puits-d'Amour ou de l'Ariane, située entre les grandes et petites rues de la Truanderie.

Le puits qui est sur cette place fut nommé *Puits-d'Amour* ou *de l'Ariane*, à l'occasion de la fin malheureuse d'une jeune fille qui, se voyant trompée et abandonnée par son amant, s'y précipita et s'y noya; elle s'appelait *Agnès Hellebic*. Trois siècles après, un jeune homme désespéré par les rigueurs de sa maîtresse s'y jeta aussi.

Rue Bon-Conseil, entre celles Montorgueil et Saint-Denis.

On nommait cette rue *Mauconseil* et avant *Mauvais Conseil*, parce qu'on y tenait, dit-on, en 1407, un conseil où il fut résolu d'assassiner le duc d'Orléans. On voit dans cette rue la *Halle aux Cuirs*, construite sur le terrain de l'ancienne comédie italienne en 1784.

Rue du Jour et des Prouvaires.

Église Saint-Eustache, près la Halle aux blés. L'origine de cette paroisse est une ancienne chapelle nommée Sainte-Agnès, bâtie à la fin du douzième siècle. La construction de l'église Saint-Eustache fut commencée le 19 août 1532. Ce fut Jean de La Barre, prévôt et lieutenant général du gouvernement de Paris, qui en posa la première pierre. Elle ne fut achevée qu'en 1642. L'architecture de cette église, une des plus grandes de Paris, est un mélange des genres grec et gothique. L'intérieur est d'une hardiesse vraiment étonnante. Cette église contient les cendres de plusieurs hommes illustres, tels que Colbert, Voiture, Vaugelas, etc.

Rue du Jour, entre celle Saint-Honoré et la place Saint-Eustache.

Cette rue se nommait anciennement *du Séjour*, à cause d'une maison de plaisance que les rois y avaient fait élever, et qu'on nommait le séjour du roi.

Rue des Prouvaires, entre celles Béthizy et Traînée. En 1476, Alphonse V, roi de Portugal, vint à Paris. Louis XI lui fit rendre de grands honneurs; on le logea dans cette rue chez un épicier nommé *Laurent Herbelot.*

Rue des Vieilles Etuves, entre celles Saint-Honoré et des Deux Ecus. L'usage des étuves était anciennement aussi commun en France, même parmi le peuple, qu'il l'est et l'a toujours été dans la Grèce et dans l'Asie : on y allait presque tous les jours (1). Saint Rigobert fit bâtir des bains pour les chanoines de son église, et leur fournissait le bois pour chauffer l'eau. Grégoire de Tours (2) parle des religieuses qui avaient quitté leur couvent, parce qu'on s'y comportait dans le bain avec peu de modestie. Le pape Adrien I recommandait au clergé de chaque paroisse d'aller se baigner processionnellement tous les jeudis, en chantant des psaumes.

Rue de la Ferronnerie. Elle tient à celle Saint-Denis, à la place des Chats et au marché des Innocens.

Le 14 mai 1610, environ les quatre heures de l'après-midi, un embarras de

---

(1) Bollandus, tomus 1 Januarii, pag. 165.
(2) Greg. Tur. Hist. lib. 10, cap. 10.

deux charrettes ayant obligé le carrosse de Henri IV de s'arrêter vers le milieu de cette rue, Ravaillac, qui l'avait suivi depuis le Louvre, assassina ce prince, qui expira dans l'instant. Il fut conduit de là au Louvre, et déposé dans la salle dite des *Cariatides*.

Rue Pierre à Poisson, tenant à celle de la Sonnerie et au marché de l'Apport Paris.

En 1300 on la nommait la Ruelle aux Poissons; elle a pris son nom de ce qu'autrefois quelques pêcheurs avaient rangé autour du Châtelet beaucoup de longues pierres où ils étalaient et vendaient leurs poissons.

En prenant la rue St.-Germain l'Auxerrois, vous rencontrez à droite la rue Bertin-Poirée, où était la communauté des Frères-Tailleurs.

On voyait au coin de la rue des Orfèvres la chapelle de Saint-Eloi, commencée en 1650, et achevée en 1666. Près de là était la juridiction du grenier à sel.

Rue des Bourdonnais, entre celles Saint-Honoré et Béthizy. On remarque une maison où Philippe, duc d'Orléans, frère du roi Jean, a demeuré. En 1398 il y acheta une maison qui a pour enseigne *la Couronne d'Or*, et qui a été long-temps occupée par un marchand de soie.

Il se fait dans cette rue un grand commerce de soieries, toileries, draperies, particulièrement en rouennerie.

Nous allons remonter au faubourg Saint-Martin, barrière de la Villette et celle de Pantin.

Faubourg et porte S. Martin. Ce faubourg commence à la barrière de la Villette, et sur le côté à la barrière de Pantin, et se termine à la porte Saint-Martin. Cette barrière est jolie ; le point de vue est très-pittoresque. Voyez la gravure ci-contre.

C'est le 30 mars 1814, que l'armée des alliés, forte de deux cent mille hommes, a attaqué, à six heures et demi du matin, les hauteurs de Belleville, Saint-Chaumont et Montmartre, et, après une canonnade jusqu'à trois heures et demie et un combat sanglant dans les plaines de la Villette contre trente mille Français, il fut signé une suspension d'armes à cinq heures et demie. Le lendemain 13, à midi, Alexandre, empereur de Russie, le grand duc Constantin, le roi de Prusse, avec ses deux fils, le prince Schwarzenberg, etc., à la tête d'une armée de cent mille hommes, sont entrés à Paris par la barrière de la Villette.

Le comte d'Artois, Monsieur, frère du Roi, a fait son entrée à Paris le 12 avril 1814 par la barrière de Pantin.

On remarque dans ce faubourg l'hôpital du Nom de Jésus, fondé par saint Vincent de Paule.

Église Saint-Laurent, paroisse du 2ᵉ arrondissement. C'était anciennement une abbaye. Un peu plus bas est

L'entreprise des inhumations. Les prêtres ne peuvent à Paris exercer leurs fonctions hors de l'église : on a réglé un mode uniforme pour les derniers devoirs à rendre à chaque citoyen. Le pauvre comme le riche est assuré d'aller en carrosse après sa mort.

L'entreprise se charge de tout ce qui concerne le transport du défunt, soit à l'église, soit au cimetière ; elle a des magasins considérables de voitures de deuil, de corbillards, de catafalques, de tentures unies ou brodées en argent, de bières en sapin, en chêne et en acajou ; des cercueils de plomb, et des écuries remplies de chevaux.

Cette entreprise fournit encore les billets d'enterremens, et se charge de faire embaumer, etc.

Malgré les prix fixés d'après un tarif, ceux pour les cérémonies de luxe sont arbitraires ; ils varient selon le nombre et la qualité des chevaux, la beauté des voitures, des draperies, et la hauteur des plumes qu'on désire avoir sur la tête des chevaux qui traînent le corbillard, etc.

Il est des convois qui coûtent 6000 fr., plusieurs même jusqu'à 10000 fr., non compris les frais de l'église.

Il est du bon ton d'avoir quinze ou vingt voitures de deuil.

Il est prudent de faire son prix avant de mourir, car il en coûte le double d'autrefois. Il ne faut pas craindre de marchander avec l'entreprise et avec l'église, qui demandent toujours plus que moins, crainte de se tromper. Dans le cas où l'on ne pourrait pas s'arranger, il faut menacer de retarder l'époque de sa mort.

L'entreprise des inhumations est obligée de fournir gratis à l'indigent un cercueil avec un linceul.

L'on ne peut jouir de cette faveur que d'après un certificat d'indigence de la municipalité, qui ne s'obtient pas facilement ; dans ce cas il en coûte, pour un mauvais corbillard, 36 fr.

Cette entreprise est l'une des meilleures spéculations à Paris ; elle rapporte beaucoup plus que celle des spectacles.

Cet établissement compte sur des trépas périodiques ; il connaît les mois de l'année où la recette doit quadrupler ; les temps humides, qui sont ordinairement malsains, lui sont favorables, ainsi que l'ignorance de certains médecins ou charlatans.

Les prêtres connaissent aussi les époques de l'année où les cierges de deux, trois ou quatre livres sortiront de la boutique de l'épicier ; non-seulement ils calculent l'argent que produira la mortalité, mais encore les naissances et les mariages.

En face de l'église Saint-Laurent est le ci-devant monastère des Récollets, qui a été bâti en 1614. L'église des Récollets est le lieu de la sépulture de Créqui, femme du duc de Sully, grand-maître d'artillerie de France, morte en 1657; et de Louise de Béthune, sa fille, morte en 1679;

Gaston, duc de Roquelaure et pair de France, connu par ses bons mots, mort le 13 mars 1683;

Antoine Gaston de Roquelaure, duc et maréchal de France, fils du précédent, le dernier de cette maison, décédé en 1738, et Marie-Louise Laval, son épouse, morte en 1735.

On a fait du monastère un *Hospice des Incurables*, consacré à la réception des indigens attaqués d'infirmités graves et incurables. Il y a 400 lits.

On voit une fontaine au coin des ci-devant Récollets dont l'eau vient de Belleville. Un peu plus haut de l'autre côté une *Maison de Santé*, administrée au profit de la commission des hospices; les malades paient 1 fr. 50 c.; 2 fr. et 3 fr. par jour. Il y a 150 lits.

Boulevard et porte S. Martin, situés depuis la rue du Temple jusqu'à la porte S. Martin. Le boulevard n'a de remarquable que la *Porte Saint-Martin*, située à l'entrée de la rue de ce nom, au bout du faubourg de ce nom. Elle fut bâtie en 1614, en forme d'arc de triomphe, et détruite sous le règne de Louis XIV, pour y élever celle qui subsiste depuis 1674, sur les dessins de Blondel, exécutée par Bullet, architecte. On voit un grand café au coin du boulevard et de la rue Saint-Martin. En face de la porte Saint-Martin est la *rue Saint-Martin* qui aboutit à la rue de la Verrerie. On remarquait la prison de Saint-Martin, située au coin de la rue du Verbois; elle servait d'entrepôt pour les filles prostituées.

La fontaine Saint-Martin, au coin de la rue de Verbois. Les religieux de Saint-Martin-des-Champs offrirent, en 1712, l'emplacement qu'elle occupe, sous la condition qu'ils auraient une partie de l'eau; on leur accorda douze lignes, et la fontaine fut construite; elle fournit de l'eau de Belleville.

A peu de distance, le

Théâtre de la porte Saint-Martin, ci-devant de l'Opéra. La salle de l'Opéra, magnifique construction faite au Palais-Royal par M. Moreau architecte du roi, ayant été détruite en quelques heures par un incendie survenu en 1781 : afin de ne pas priver le public du spectacle de l'Opéra, on construisit en soixante-quinze jours une autre salle à côté de la porte Saint-Martin. Après l'installation de l'Opéra, rue de Richelieu, cette salle resta long-temps fermée.

Pendant la révolution on y a tenu des assemblées de citoyens, et des conseils de guerre.

Plusieurs directeurs de ce spectacle se sont ruinés. On y a joué la grande comédie, la pantomime, les ballets et les mélodrames à grand spectacle. Le théâtre étant très-vaste, il convient à ce genre de pièces. A côté est un très-beau café, et plusieurs autres en face.

Conservatoire des Arts et Métiers, ou *Musée mécanique, à l'ancien monastère et prieuré royal de Saint-Martin-des-Champs*. Cet établissement précieux renferme une collection très-nombreuse, et qui s'augmente tous les jours des différentes machines dont on se sert dans les arts mécaniques.

Tous les modèles de mécaniques existant

jadis à l'Académie des Sciences sont réunis dans ce nouveau local, qui est public. Il y a une bibliothèque.

Le marché Saint-Martin attenant à la maison du prieuré leur appartenait; il a été construit en 1765.

L'église de Saint-Nicolas-des-Champs, aujourd'hui paroisse du sixième arrondissement.

L'hôpital de Saint-Julien des Ménétriers, qui avait été fondé en 1330, pour les pauvres de leur profession, par deux ménétriers nommés Grare et Huet le Lorrain, dont les figures se voyaient au portail représentés jouant du violon. Cette maison était occupée, à l'époque de 1789, par des prêtres de la doctrine chrétienne. Les joueurs d'instrumens avaient conservé le droit de nommer un chapelain.

L'église Saint-Méry, aujourd'hui paroisse du septième arrondissement.

Rue neuve Saint-Méry. Elle tient à celles Saint-Martin et Sainte-Avoye.

En 1358, Perrin Macé, garçon changeur, assassina dans cette rue Jean Baillet, trésorier des finances. Le dauphin, depuis

Charles V, régent du royaume pendant la captivité du roi Jean, son père, ordonna à Jean Robert de Clermont, maréchal de Normandie, d'aller enlever ce scélérat dans l'église de Saint-Jacques de la Boucherie, où il s'était réfugié, et de le faire pendre : ce qui fut exécuté. Jean de Meulan, évêque de Paris, cria à l'impiété, envoya ôter du gibet le corps de cet assassin, et lui fit faire d'honorables funérailles, auxquelles il assista. Quelques jours après, Robert de Clermont fut massacré dans une sédition. Jean de Meulan défendit qu'on lui donnât la sépulture dans une église ou un cimetière.

Cloître Saint-Méry. On y voit le tribunal de commerce.

Rue Meslé ou Meslay. Elle tient à celles Saint-Martin et du Temple proche le boulevard.

On remarque la maison où demeurait le chevalier Dubois, commandant la garde du guet de Paris. Le 24 août 1787, par suite de l'insurrection qui eut lieu le même jour à la place Dauphine, où le chevalier Dubois fit faire feu sur le peuple, et où plusieurs personnes furent tuées, une multitude se porta dans cette rue, vers les dix heures du soir, dans l'intention d'incendier la maison du chevalier Dubois; mais un très-grand nombre de soldats du guet surprirent des deux bouts de la rue la multitude : quarante-deux personnes périrent.

Rue de Bondi. Elle commence à la porte Saint-Martin, et aboutit à la rue Neuve Saint-Nicolas.

On voit à la barrière Saint-Louis, derrière l'hospice de ce nom, la butte Saint-Chaumont, où il y a eu pendant six heures un combat terrible le 30 mars 1814 entre deux cent mille hommes des armées alliées, contre trente mille Français.

Combat du taureau, près de la butte Saint-Chaumont. Ce divertissement atroce existe dans Paris depuis long-temps; mais il n'est guère fréquenté et connu que d'une certaine classe du peuple.

Hôpital Saint-Louis, rue de Bondi. L'hôpital Saint-Louis fut fondé en 1607 par Henri IV, lorsque la peste affligeait Paris : il y a huit cents lits pour les deux sexes qui ont des maladies chroniques, ulcères, scrophules, dartres, teignes et gales compliquées.

Rue des Lombards, située entre celles Saint-Martin et Saint-Denis; elle se nommait originairement la rue de la *Buffeterie*; elle a porté depuis celui de la *Pourpointerie*; mais à la fin le nom des *Lombards* a prévalu. Ces Lombards étaient une horde d'usuriers venus de Lombardie qui ne prêtaient jamais d'argent qu'à des intérêts exorbitans, c'est-à-dire à dix ou douze pour cent par année.

Les Lombards d'aujourd'hui se trouvent dans tous les quartiers de Paris.

Cette rue est très-renommée pour le commerce de l'épicerie, la droguerie, et principalement pour les confiseurs, dont les principaux magasins sont à l'enseigne du *Grand Monarque*, du *Fidèle Berger*, et à la *Renommée*. On y trouve tous les bonbons possibles, et chaque année les noms sont renouvelés.

Place de Gastine, rue Saint-Denis, près celle de l'Aiguillerie. Cette place a pris son nom de Philippe de Gastine, calviniste et riche négociant, qui tenait chez lui des assemblées de calvinistes. Il fut pendu par arrêt de la cour du 30 juillet 1571; sa maison fut démolie et ses biens confisqués,

Il fut ordonné qu'on prendrait une somme pour être employée à faire, à perpétuité, le service du Saint-Sacrement de Sainte-Opportune, qui était de la paroisse de Gastine.

Cloître ou *place Sainte-Opportune*. L'église Sainte-Opportune était une collégiale royale et paroissiale, elle a donné son nom au quartier; ce n'était originairement qu'un ermitage, situé à l'entrée d'un bois. L'empereur Charles-Quint, passant par Paris sous le règne de François Ier, visita cette église, et lui fit présent d'un candelabre de bronze à dix-huit branches, que l'on voyait encore en 1791.

Quai de la Mégisserie ou *de la Ferraille*, situé entre le pont Neuf et le pont au Change.

Il fut nommé *de la Mégisserie*, des mégissiers qui y demeuraient. Il fut construit en 1529, sous le règne de François Ier; il est plus connu sous le nom de la Ferraille, à cause du grand commerce qui s'y fait de toutes sortes de batteries de cuisine, d'ustensiles de fer et autres ferrailles. On y trouve ausi un grand nombre d'oiseleurs, grainiers, horlogers, etc.

Place du Grand Châtelet, située entre le quai de la Mégisserie et le Pont-au-Change.

Plusieurs écrivains ont prétendu que le *Grand Châtelet* avait été bâti par Jules-César. Nous pensons que c'est une erreur qui vient de ce qu'une des chambres s'appelait *la chambre de César*. Il y avait trop de différence entre l'architecture romaine et celle de ce bâtiment gothique. Il datait de 1684, à l'exception de quelques tours construites sous Charles V, qui le fit bâtir pour servir de porte à la Ville, et tenir les habitans de *Lutèce* dans l'obéissance, et que c'était le lieu où l'on payait le tribut.

La place du Châtelet serait plus grande si l'on avait démoli les deux petites maisons qui se trouvaient adossées à la prison. Ces deux maisons sont occupées par un traiteur qui a pour enseigne, *au Veau qui tète*; parties fines des pieds de mouton à la Sainte-Menehould, à l'anglaise, à l'égyptienne, etc.

C'est sur cette place que l'on fait les ventes par autorité de justice, qui se faisaient au bas du pont Saint-Michel. Tous les matins vous y voyez les huissiers et les fripiers se disputer le dernier effet du malheureux, et de crainte que les frais de justice n'absorbent pas toute la valeur, ils ont attention de porter sur le mémoire de frais, dans un style *grec*, la dépense du déjeuner qui se fait au *Veau qui tète*.

On a construit sur cette place une fontaine dont elle porte le nom. C'est une colonne surmontée d'une statue en bronze doré, et représentant la Victoire : elle a plutôt l'air d'une femme qui appelle les passans.

Boulevard Poissonnière, entre la porte Saint-Denis et la rue Poissonnière. Ce boulevard est bordé de superbes maisons des deux côtés.

On y remarque

La belle manufacture de porcelaine de M. d'Agoty ; le magasin de porcelaine de M. Asteing, rue Sainte-Barbe.

Sur la gauche du boulevard était un corps-de-garde pour la garde de Paris, au-dessus un cimetière de protestans ou huguenots.

Rue du Faubourg Poissonnière, située entre le boulevard et la rue de ce nom. On y voit de superbes maisons. On remarque les anciens hôtels du comte d'Espiuchal, de MM. de Jarnac et Tabari.

Près la barrière Poissonnière est une grande caserne qui avait été construite pour une compagnie de ci-devant Gardes-Françaises.

L'hôtel des Menus-Plaisirs du Roi a sa principale entrée rue Bergère. Ce bâtiment occupe un terrain immense. Il servait d'entrepôt aux machines employées pour les divertissemens destinés pour la Cour. On y avait construit une jolie salle de spectacle qui servait à faire les répétitions des opéras et ballets qui devaient se donner à Versailles. Cet hôtel sert encore de magasin pour toutes les décorations et machines de l'opéra.

Conservatoire de musique, rue Bergère. Les exercices musicales et de déclamation des élèves formés dans cet établissement ont lieu dans une salle nouvellement construite, à laquelle conduit un grand vestibule et un escalier à double rampe, conduisant aussi à une vaste bibliothèque spéciale de musique, ainsi qu'aux salles de l'administration ; cet ensemble a été exécuté sur les dessins de M. Delaunay.

Rue de la Lune, située entre le boulevard et la rue Poissonnière.

On y voyait

La communauté des filles de la Petite Union chrétienne, établie depuis 1685.

Revenant dans la rue Poissonnière, une ancienne caserne de la compagnie générale du régiment des Gardes Suisses.

Entre les rues Beauregard et de la Lune, l'église paroissiale de Notre-Dame-de-Bonne-Nouvelle.

Boulevard Montmartre, ou du Panorama. Ce boulevard tient aux rues Poissonnière et Montmartre.

On y remarque

L'ancien hôtel de Montholon, dont la construction du salon a presque ruiné le propriétaire.

Théâtre des Variétés, où Brunet, roi des calembours, attire beaucoup de monde. On y joue de très-jolies pièces.

A côté, le *Passage du Panorama*, qui aboutit rue Saint-Marc. Ce passage est un petit Palais-Royal, par le grand nombre des choses curieuses qu'on y trouve. On peut voir tous les jours le Panorama, moyennant 2 fr. Il y en a encore un boulevard de la Madeleine. Près du passage Panorama est le cabinet littéraire de M. Mongie aîné, un magasin de musique, etc., etc.

Rue du Faubourg Montmartre. Cette rue tient au boulevard Montmartre, et se termine rue Saint-Lazare.

On voit

La chapelle de Notre-Dame de Lorette, aujourd'hui succursale de la paroisse Saint-Roch.

Rue Saint-Joseph, située entre le boulevard et la rue du Gros-Chenet.

Madame de Montespan mourut dans cette rue vers la fin de 1709 ; elle n'allait plus à la cour : son fils, le duc du Maine, lui avait porté l'ordre de la quitter. La rue Saint-Joseph se nommait, dans le dix-septième siècle, rue du *Temps perdu*.

Rue Montmartre. Cette rue commence au boulevard Montmartre, et se termine place de la Pointe Saint-Eustache.

On y voyait encore, du temps de Henri IV, un pan de muraille d'un temple qu'on dit avoir été consacré au dieu Mars.

La *chapelle Saint-Joseph* était succursale de Saint-Eustache; elle fut élevée en 1695; elle a été la sépulture des célèbres auteurs Molière, La Fontaine. On remarque le magnifique hôtel de Montmorency, construit en 1704, sur les dessins de l'Assurance, architecte, avec un superbe jardin donnant sur le boulevard.

Marché Saint-Joseph, rue Montmartre. Ce marché est nouvellement construit; il est très-beau : les marchands, ainsi que le public, sont à couvert. Il forme plusieurs rues.

On voit près le boulevard

L'hôtel d'Uzès, construit sur les dessins de M. Ledoux. Ce bâtiment est remarquable par l'arc de triomphe, qui lui sert d'entrée, et par la décoration imposante de la façade qui règne sur la cour. Le duc d'Uzès était aimé. Le 17 novembre 1776, les porteurs d'eau de la rue Montmartre et des environs firent célébrer dans l'église des Petits-Pères une messe solennelle pour la convalescence du duc d'Uzès : c'est le plus bel éloge qu'on puisse faire de son humanité. L'hôtel d'Uzès est occupé par l'administration des Douanes.

La fontaine de Montmorency, rue Montmartre, est en face de la rue Saint-Marc.

Rue du Mail. Elle tient au carré des Petits-Pères et à la rue Montmartre.

On voit un très-beau café au coin de la rue Montmartre.

Rue Notre-Dame des Victoires, située d'un bout au carré des Petit-Pères, et de l'autre à celle Montmartre. On y remarque

L'entreprise des messageries pour toutes les routes de France. Au bout de cette rue est *l'église* et *couvent* des ci-devant *Petits-Pères de la Place des Victoires*, ou *Augustins réformés*. On prétend que le nom de *Petits-Pères* vient de ce que Henri IV ayant aperçu dans ses appartemens deux de ces religieux fort petits, demanda qui étaient ces petits pères là, d'où le nom leur est resté.

L'église *Notre-Dame-des-Victoires* est la première succursale de la paroisse Saint-Eustache ; ce temple du Seigneur était devenu pendant plusieurs années de la révolution le rendez-vous des banquiers, agens de change, courtiers de commerce, de plus d'un agioteur, et enfin la Bourse.

Rue Croix-des-Petits-Champs. A gauche de cette rue est celle des *Vieux-Augustins*. Il ne faut pas sortir de la rue des Vieux-Augustins sans voir l'établissement curieux de M. Delacroix, mécanicien bandagiste-gymnastique pour le redressement des défauts de la nature, particulièrement chez les femmes. On remarque un *mât*, des *colonnes*, un *balancier*, des *barillés*, une *balançoire*, un *puits*, une *échelle*, une *manivelle*, un *cheval*, l'*escrime*, un *jeu de balle*, le *tube*, le *fauteuil*, le *soufflet*, les *plombs*, etc.

Le *mât* est une colonne en forme de mât de cocagne, autour duquel se trouvent des échelons servant à monter pour développer les hanches et la poitrine. — Les *colonnes* ou filières, exercice servant à mettre le corps droit. — Le *balancier* sert à redresser la colonne vertébrale ou épine du dos. — Les *barillés*, pour redresser la tête, les épaules et les hanches. — La *balançoire* est pour maintenir la tête et les reins droits quand on est assis. — Le *puits*, la *balle* et la *manivelle*, pour donner de la force à une épaule faible. — L'*échelle*, pour redresser les épaules. — Le *cheval* est pour apprendre à y monter et tenir le corps dans un état naturel. — Le *tube*, pour redresser la tête et donner des grâces. — Les *plombs*, pour apprendre à marcher avec grâce. — Le *fauteuil*, pour élever un côté de la poitrine qui serait plus bas que l'autre. — Le *soufflet* est pour donner un exercice régulier à toutes les parties du corps.

M. Delacroix fournit des corsets élastiques et mécaniques pour réformer les vices de la nature sans que l'on puisse se douter que la personne les porte, de manière que chaque corset contient une épaule, une hanche, une gorge, même un derrière. Il fournit encore des mollets et des cuisses pour les hommes jaloux de paraître devant les belles qui jugent de la valeur et du courage d'un cavalier sur les belles formes de ces parties du corps. Ce mécanicien habile fait des mains dont les doigts ont les mouvemens naturels. M. Delacroix doit être un bon anatomiste pour être parvenu à porter à sa perfection son établissement, qui est l'unique en France.

Place des Victoires.

Place des Victoires.

Il est beaucoup de demoiselles qui doivent craindre que ceux qui les recherchent en mariage ne s'informent à M. Delacroix si elles n'ont pas eu recours à sa science; mais qu'elles se rassurent, ce savant mécanicien est sûrement très-discret. Il est aussi des jeunes gens qui doivent plus redouter des informations auprès de ce mécanicien sur leurs fausses cuisses et mollets, que la morsure d'un chien, qui ne peut leur faire aucune blessure en leur enlevant l'une de ces parties fausses.

Les corsets élastiques de M. Delacroix sont d'une grande utilité et procurent des soulagemens salutaires à beaucoup de femmes enceintes ou puissantes.

Un autre mécanicien dans cette rue, est M. Danjou, qui a construit un nouveau lit portatif, monté sur des ressorts, destiné à transporter des malades, soit à la ville ou à la campagne : une seule personne fait mouvoir cette machine.

La Place des Victoires, située aux extrémités des rues Neuve et Croix-des-Petits-Champs, ainsi nommées des champs qui avoisinaient ce quartier, et qui furent convertis en bâtimens sous Louis XIII, ainsi que la place dont nous parlons. En 1684, François d'Aubusson, duc de la Feuillade, comblé d'honneurs et de biens par Louis XIV, voulut rendre sa reconnaissance publique et durable, par le superbe monument que jamais sujet eût élevé en l'honneur de son prince ; monument qui surpassait même la plupart de ceux qui ont été érigés par des provinces entières, et par tout le peuple romain pour ses plus grands empereurs. M. d'Aubusson fit élever, au centre de la place, la statue pédestre de Louis XIV, de 5 mètres un quart (13 pieds) de hauteur, posée sur un piédestal de marbre blanc veiné, de 7 mètres (22 pieds) de hauteur, avec une inscription latine. La statue en bronze doré représentait Louis XIV debout, revêtu des habits de son sacre ; il foulait à ses pieds un cerbère, pour marquer la triple alliance dont ce prince triompha ; et au bas étaient ces mots : *Viro immortali*. Derrière la statue était une victoire de même auteur, et aussi dorée, les ailes déployées, un pied en l'air, et posant la pointe de l'autre sur un globe fuyant : elle tenait d'une main une couronne de laurier, dans l'action de la poser sur la tête du roi, et de l'autre un faisceau de palmes et de branches d'olivier. La figure du roi et de la victoire, avec cerbère et le globe, formaient un groupe de 5 mètres (16 pieds) de hauteur. Il y avait derrière les deux figures un bouclier, un faisceau d'armes, une massue d'Hercule et une peau de lion. Ce beau groupe, avec tout ce qui l'accompagnait, avait été fondu d'un seul jet ; il pesait plus de 30 milliers. Les dessins étaient de Martin Desjardin ; le piédestal sur lequel le groupe était élevé était orné de bas-reliefs, avec des corps avancés en bas, aux quatre coins desquels étaient enchaînés quatre captifs ou esclaves en bronze, de stature gigantesque, qui représentaient les nations dont la France avait triomphé, etc.

L'an premier de la république (1793), on fit construire sur cette place une pyramide en planches, sur les quatre côtés de laquelle on lisait les noms de tous les départemens, et les victoires remportées par les armées républicaines. C'est au milieu de la place des Victoires qu'on élève un monument à la mémoire du général Desaix; sa statue est en bronze.

Banque de France. Établie dans les bâtimens de l'ancien hôtel Penthièvre, près la place des Victoires, dans lesquels, au moyen de constructions nouvelles, on a disposé le service de la Banque de manière à ce que le service de l'administration, des bureaux et des caisses soit facile et très-distinct; les logemens sont entièrement séparés. On a conservé et retracé la magnifique galerie où se tiennent les assemblées générales des actionnaires. Le style d'architecture d'entrée de cet édifice public est conforme à sa nouvelle destination. Le tout a été dirigé par le sieur Delaunoy, architecte, ancien pensionnaire du Roi.

L'Imprimerie royale, ensuite nationale, impériale, aujourd'hui royale, ci-devant au Louvre, a été établie pendant plusieurs années dans l'hôtel Penthièvre; les presses étaient dans des salons, ornés de dorures superbes. Elle est aujourd'hui à l'hôtel Soubise.

Rue du Bouloy. Cette rue tient à celles Coquillière et Croix-des-Petits-Champs.

Les constructions qui se sont faites il y a plusieurs années sur une partie de l'ancienne douane près du Bouloy, en face du roulage, ont mis à découvert un souterrain dont le décor est remarquable par le genre et l'exécution de la sculpture. C'est une portion de bains que Catherine de Médicis fit ériger au rez-de-chaussée dans le palais où elle prenait ses grands ébats, devenu depuis hôtel de Soissons, et démoli en 1763.

Rue Jean-Jacques Rousseau, aujourd'hui nommée rue Plâtrière. Elle donne d'un bout rue Coquillière, et de l'autre rue Montmartre ; elle se nommait ci-devant rue Plâtrière. J. J. Rousseau a habité long-temps un petit étage dans cette rue. Voilà l'origine du nom qu'elle porte aujourd'hui.

On y remarque :

L'hôtel général des postes aux lettres, établies dans l'ancien hôtel d'Armenonville. Les bureaux des postes aux lettres étaient placés auparavant rue des Poulies ;

L'ancien hôtel Bullion, qui appartenait à M. de Bullion, surintendant des finances de Louis XIV. L'on a fait construire dans l'intérieur des salles de ventes publiques, qui pendant long-temps ont eu une grande réputation, principalement pour les ventes de tableaux;

Les filles de la Communauté de *Ste-Agnès*.

FIN DE LA QUATRIÈME ET DERNIÈRE PROMENADE.

DESCRIPTION
DES
ENVIRONS DE PARIS.

Auteuil, village près Neuilly, sur la Seine, à une lieue et demie de Paris, près du bois de Boulogne : il y a beaucoup de maisons de campagne. On y voit celle où Molière et son ami Chapelle allaient se réjouir. Boileau-Despréaux y fit son séjour. Ce village renferme les restes du célèbre H. F. d'Aguesseau et de son épouse, Lefebvre d'Ormesson, ceux du philosophe Helvétius et de son épouse, du sénateur Cabanis, médecin et l'ami de Mirabeau. Auteuil possède des eaux minérales.

Boulogne, bourg (et bois de), à une lieue et demie de Paris : il y a beaucoup de belles maisons de campagne. *Le bois de Boulogne*, sous les rois de la première race, couvrait les bords de la Seine et s'étendait jusqu'à l'ancien Paris. François Ier le fit clore de murs en 1556; le château de la Muette, qui se trouve sur la lisière de ce bois et à l'entrée de Passy, était un lieu de plaisance où Louis XV se rendait souvent.

Presque vis-à-vis ce château est le Ranelach, où l'on donne des bals : c'était la réunion des plus jolies femmes de Paris et de Passy.

Il y avait dans ce bois un autre château appelé *Madrid*, qui fut, dit-on, bâti pour François Ier au retour de sa prison d'Espagne. Il a été détruit en 1792. Il est encore dans le bois de Boulogne un autre château appelé *Bagatelle*, qui a été construit pour le comte d'Artois, frère de Louis XVI, et qu'on appelait *Folies d'Artois*. Les jardins sont charmans.

Courbevoye, village près Nanterre, situé sur la côte qui borde la Seine. On y voit une superbe caserne qui a été construite pour le régiment suisse de la garde du roi. Elle a été occupée par la garde impériale.

Meudon, bourg près Sèvres, à deux lieues de Versailles. Il y a un château royal bâti par Philibert de l'Orme, placé sur une éminence, ce qui procure une vue magnifique; la terrasse a 133 toises de longueur et 33 de largeur. François Rabelais a été curé à Meudon.

Bellevue, château sur la route de Versailles, entre Saint-Cloud et Meudon, à l'extrémité de Sèvres. Ce château fut bâti pour la marquise de Pompadour en 1743. Louis XVI le donna à ses tantes, *Mesdames de France*. Le parc et le jardin en sont très-beaux. Buonaparte y a fait faire des embellissemens.

Sèvres, bourg à deux lieues de Paris, situé au bas du parc de Saint-Cloud, à deux lieues de Versailles : célèbre par sa superbe manufacture royale de porcelaine. Le corps du bâtiment annonce la majesté de cet établissement, qui a acquis la plus grande réputation dans toutes les parties du monde. Il y a encore à Sèvres une verrerie à bouteilles, une verrerie à cristaux et une manufacture de poterie de terre jaune, imitant celle d'Angleterre, etc.

Saint-Cloud, bourg à deux lieues de

Paris, même distance de Versailles. Superbe château royal situé à mi-côte de la montagne, sur le penchant de laquelle son avenue est plantée. On trouve d'abord une avant-cour en demi-lune, d'où l'on entre par un angle dans une seconde cour plus longue que large. Le grand corps de logis a 154 pieds de face sur 72 pieds d'élévation. Il est orné de bas-reliefs au-dessus des croisées, et d'un avant-corps dont l'entablement est porté par quatre colonnes corinthiennes. On y voit des statues qui désignent la force, la prudence, la richesse, la guerre, etc. Le parc et le bois ont environ quatre lieues d'étendue. Ils ont été plantés par le célèbre Le Nôtre. Cet artiste a su tirer parti de l'inégalité du terrain pour produire les effets les plus pittoresques; les pièces d'eaux méritent l'attention des curieux, particulièrement la grande cascade, dont la partie d'en haut est du dessin de Le Pautre : elle a 108 pieds de face sur autant de pente.

Philippe-Joseph d'Orléans avait vendu ce château à Marie-Antoinette, épouse de Louis XVI, qui y fit de grands changemens et des embellissemens. Pendant le cours de la révolution ce château a été

Château de St Cloud, côté du Parc.

abandonné. Les superbes tapisseries, les tableaux, les meubles, tout a été donné en paiement à des fournisseurs. Mais Buonaparte y a employé plus de six millions pour l'embellir. C'est dans ce château que le 18 brumaire an VIII (9 novembre 1799) le conseil des anciens décréta que celui des cinq cents s'y rendrait pour tenir ses séances ; il fut présidé par Lucien Buonaparte. C'est là où Buonaparte, commandant de la force armée, a manqué, a-t-on dit, d'être assassiné par Arena, député de la Corse, qui prévoyait vraisemblablement jusqu'où Buonaparte porterait le despotisme et la tyrannie. Buonaparte n'a pas fait preuve de courage dans cette circonstance. La vérité est qu'Arena n'a pas voulu l'assassiner, mais il a crié *à bas le tyran*.

L'heureuse situation de Saint-Cloud avait engagé les plus grands seigneurs et un grand nombre de particuliers riches à y bâtir des maisons de campagne ; mais le séjour de Buonaparte dans ce village avait fait abandonner les propriétaires, par le grand nombre d'agens de police qui le suivaient ou le précédaient. L'état-major-général des armées alliées a été établi dans le château lors de leur séjour à Paris, avril et mai 1814.

Calvaire ou le Mont-Valérien, à peu de distance du village de Surenne et de Nanterre. C'est la montagne la plus élevée de celles qui environnent Paris : on l'y découvre tout entier. Ce lieu n'est remarquable que par la sœur Guillemette, qui, dit-on, y fit des prodiges. Henri III et Henri IV furent lui rendre visite. On assure que la sœur Guillemette était très-jolie. Une longue nomenclature d'ermites a succédé à cette sœur. Ils avaient fait construire des chapelles d'étage en étage jusqu'à la cime du mont, où ils élevèrent un calvaire qui attirait toutes les âmes pieuses. Les ermites avaient une fabrique de bas de soie et de coton. La révolution a tout fait disparaître. Merlin de Thionville, député à la convention, en avait fait l'acquisition et avait commencé la construction d'une superbe habitation.

Nanterre, bourg, à peu de distance de Surenne. L'étymologie du nom de *Nanterre* est *nam*, qui en celtique signifie *temple*, et *tor*, principale divinité des Gaulois. On avait élevé dans ce lieu à *Tor* un temple qui fut détruit dans le cinquième siècle. Les Anglais, avant de pénétrer jusqu'aux portes de Paris, pillèrent et brûlèrent ce bourg en 1340. C'est le lieu de naissance de sainte Geneviève. Les gâteaux de Nanterre ont une grande réputation.

Neuilly, village à une lieue trois quarts de Paris, situé près le bois de Boulogne. Ce n'était, à la fin du seizième siècle, qu'un petit hameau où l'on avait établi un bac. Henri IV et la reine Médicis faillirent y perdre la vie. Cet accident fut cause qu'il ordonna de construire en cet endroit un pont de bois. Ce village s'est accru d'un grand nombre de jolies maisons depuis la construction du superbe pont de pierre ordonné par Louis XV.

Surenne, village à deux lieues de Paris, près de Nanterre. Charles-le-Simple donna cette terre à l'abbé de Saint-Germain-des-Prés, pour le dédommager des biens de la manse abbatiale de Saint-Leuffroi, que les ravages des Normands lui avaient fait perdre. C'est dans ce village que se tint, au mois d'avril 1593, cette fameuse conférence qui devait déterminer Henri IV à changer de religion.

Versailles, ville à quatre lieues O. de Paris. Versailles était devenue le séjour habituel de la cour jusqu'à l'époque de 1790, sous le règne de Louis XVI. C'est l'une des plus belles villes de France; ses rues, tirées au cordeau, sont dirigées exactement du nord au midi, ou de l'est à l'ouest, leur largeur ordinaire est d'environ 12 m. (6 t.); une superbe promenade est au bout de chaque rue. On y arrive de Paris, de Sceaux et de Saint-Cloud par trois longues avenues plantées d'arbres. La grande avenue partage Versailles en vieille et nouvelle ville, et se termine à la place d'armes qui est en face du château. Louis XV fit élever en 1773, à gauche de cette place, des casernes pour le régiment des gardes-françaises. *Les grandes et petites écuries du roi* sont sur cette place, en face du château. Ces deux bâtimens peuvent contenir 3 à 4,000 chevaux. La ville vieille est située du côté du midi. On y voit l'hôtel de la chancellerie, de la guerre, de la marine, des affaires étrangères, du contrôle général; l'hôtel de la surintendance des bâtimens du roi, le cabinet des tableaux, le grand commun, où est la superbe manufacture d'armes, l'hôtel des

Château de Versailles du côté de Paris.

fermes, celui des menus plaisirs, le pavillon du grand-maître, l'hôtel des gardes-du-corps du roi. Le lycée de Versailles, situé dans un ancien couvent, est un des plus beaux lycées de France. Il y a un cabinet d'histoire naturelle et un cabinet de physique et de botanique. On voit encore les écuries de Madame, celles de la comtesse d'Artois. Dans la nouvelle ville, l'hôtel du grand-veneur, celui du grand-maître de la garde-robe du roi, les écuries de la reine, le garde-meuble de la couronne, aujourd'hui l'hôtel de la préfecture ; l'hôtel des gardes de la porte du roi, celui des gardes-du-corps du comte d'Artois ; l'ancien et le nouvel hôtel du gouvernement, la salle de spectacle, des bains publics. Du temps de la cour, on comptait à Versailles près de 100,000 individus ; on n'en compte pas actuellement 30,000. Le séjour des rois de France, depuis Louis XIV, avait rendu cette ville célèbre. Ils y avaient accumulé tout ce que l'art et le génie peuvent enfanter de plus merveilleux. Peu de villes en Europe peuvent lui être comparées par la multiplicité des édifices qui la décorent ; toutes les promenades qui l'avoisinent sont charmantes ; sa proximité de la ville de Paris, tout concourt à en rendre le séjour agréable. Un grand nombre de seigneurs de la cour y avaient des hôtels. Le parc et les bâtimens, commencés en 1673, furent achevés en 1686. Louis XIV y employa plus d'un milliard. C'est aux talens réunis de trois hommes célèbres, Jules Mansard pour l'architecture, Charles Lebrun pour la peinture et les arts qui en dépendent, et André Le Nôtre pour la distribution et la décoration des jardins, que l'on doit les beautés qu'on admire à Versailles et à Trianon. La façade du château, du côté de Paris, est composée de plusieurs pavillons construits à différentes époques, et ne répond nullement à celle du côté du jardin. Ce palais n'a point d'égal chez les étrangers. La chapelle, la galerie, la façade du côté des jardins et le parc, tout est infiniment plus magnifique que ce que l'Italie a de plus vanté dans les différens genres.

On appelait la première cour du château *cour des Ministres*, parce que les ministres et secrétaires d'état y étaient logés. C'est dans cette cour, qui a 164 mètres (85 t.) de long, que quatre compagnies du régiment des gardes françaises, et deux du régiment des gardes suisses, faisaient la parade : leur service consistait à garder le dehors du château et à garnir cette cour toutes les fois que le roi sortait ou rentrait par la cour des Ministres. Depuis l'assassinat de Louis XV par Damien, des gardes-du-corps sous les armes entouraient le roi pendant qu'il montait en voiture, en se tournant du côté du public. De l'autre côté du château est la *cour des Princes*. Aux angles latéraux de la cour Royale sont des arcades qui conduisent à la terrasse ou à la chapelle du roi, au sortir de laquelle on peut voir la façade du château du côté des jardins.

On admirait la richesse des appartemens du château; de superbes ornemens les décorent encore; la beauté des plafonds atteste le génie des artistes en tous genres qui ont illustré le règne de Louis XIV. Un grand nombre de tableaux des différentes écoles et des plus grands maîtres qui décoraient les appartemens ont été enlevés.

Pendant les années 1792, 1793 et 1794, une succursale des invalides était établie dans le château; un nombre couchait dans la chambre de Louis XIV et dans les appartemens de Mesdames de France, où l'on voit encore la fumée des pipes. Ils faisaient sécher des haillons en dehors des croisées du côté du jardin. On admire dans la chapelle des peintures magnifiques des plus grands maîtres. Le culte des théophilanthropes y était établi; ils avaient pour leur dieu une gerbe de blé placée au milieu de l'autel. Les ministres de ce culte étaient un peu négligens dans la propreté de leur dieu, car nous avons remarqué des toiles d'araignée qui couvraient presque la totalité de la gerbe de blé.

Aux extrémités de la chapelle est la *salle de spectacle de l'opéra de la cour*, l'une des plus magnifiques de l'Europe. Lorsque cette salle était éclairée en bougies, les glaces, les lustres, les belles peintures et la dorure, qui y étaient avec profusion, produisaient un effet merveilleux. Les loges étaient garnies en velours bleu avec des franges d'argent. Au fond de chaque loge il y avait une glace avec un demi-lustre éclairé par 12 bougies; et un lustre entre les franges en avant. Chaque loge a un plafond dont la peinture est des premiers maîtres de ce temps. Dans les fêtes extraordinaires, le théâtre était changé en une seconde salle.

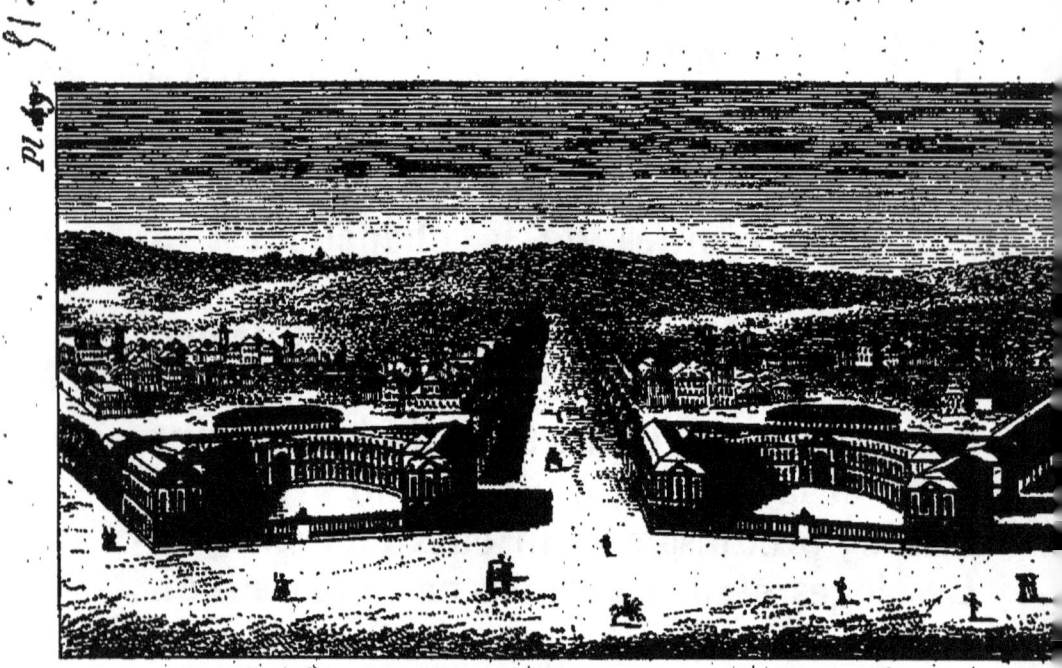
Vue des Grandes et Petites Écuries de Versailles.

La salle de comédie de la ville de Versailles a été commencée sur la fin du règne de Louis XV, d'après les dessins de l'architecte Gabriel. Elle est située du côté de la chapelle du château.

La gravure ci-contre des grandes et petites écuries du roi peut donner une faible idée de la beauté de ces deux beaux bâtimens.

Le parc de Versailles se distingue en grand et petit parc, lesquels réunis forment un circuit de 9 myr. (20 l.). *Le grand parc* renferme plusieurs villages. *Le petit parc* comprend dans son enceinte les jardins, les bosquets, les pièces d'eau, etc. Il est situé à l'ouest du château, et représente un pentagone irrégulier; il a environ 4,673 mètres (2,400 toises) dans sa plus grande longueur, et 3,112 mèt. (1,600 t.) dans sa plus grande largeur. Ce jardin a plusieurs entrées; les principales sont par les arcades latérales du château. Il produit un coup-d'œil ravissant lorsque les grandes eaux jouent. On y voit un grand nombre de belles statues en marbre et en bronze; des vases, des bassins, des fontaines, des bosquets, et un immense canal. Voyez le

Cicérone de Versailles, ou l'Indicateur des curiosités et établissemens de cette ville.

Grand Trianon, *parc de Versailles*, situé à l'extrémité d'un des bras du canal. Sa construction orientale est aussi galante que magnifique; il n'est composé que d'un rez-de-chaussée divisé en deux pavillons, réunis par un péristyle soutenu de vingt-deux colonnes d'ordre ionique; huit de ces colonnes sont de marbre vert de Campan, et les quatorze autres sont de marbre rouge du Languedoc, ainsi que que les pilastres placés entre les croisées. Sur le comble à la romaine de cet élégant bâtiment règne une balustrade ornée de vases et de groupes de petits amours, ouvrages des Barrois, Cereston, Coustou, Dedieu, Legros et Lapierre.

Les jardins, qui sont très-beaux, sont, dans l'origine, de la composition de Le Nôtre.

Le petit Trianon, attenant au grand, consiste en un pavillon à la romaine, sur quatre faces d'environ 22 mètres (11 toises et demie), composée d'un rez-de-chaussée et de deux étages, et d'un ordre corinthien, surmonté d'une balustrade; les pilastres et les colonnes sont cannelés d'après les dessins de Gabriel, et la sculpture est de Guibert.

Les jardins sont distingués par jardin français et jardin anglais. Buonaparte a fait faire de grands embellissemens dans le grand et petit Trianon.

La ménagerie du roi était dans le parc de Versailles. C'était un petit château royal à l'opposite de celui de Trianon. Depuis la révolution tous les animaux ont été réunis à la ménagerie du Jardin des Plantes à Paris; le château de la ménagerie a été démoli, la ferme y dépendante, les bois et les terres, qui produisent plus de cent mille francs de rente, ont été donnés par Buonaparte à l'abbé Sieyes, vraisemblablement pour le récompenser d'avoir dirigé la journée de Saint-Cloud et coopéré à la rédaction de la constitution impériale, et d'avoir conseillé Buonaparte de composer un sénat *absorbant*.

On respire à Versailles un air pur et vif: malheureusement cette ville n'a point d'eau; il a fallu y amener celle de la Seine, par le moyen de la célèbre machine de Marly.

Cette ville a été le théâtre de grands événemens depuis 1787.

Le 22 février 1787. — Convocation des notables du royaume.

Juin 1788. — Convocation du clergé de France.

27 avril 1789. — Convocation des états-généraux.

3 mai 1789. — Costume des états-généraux; le lendemain, procession des états-généraux.

28 mai id. — Lettre du roi à chacune des chambres des trois ordres.

Le 20 juin, lorsque les députés vinrent pour tenir leur séance dans leur salle, grande avenue de Versailles, ils la trouvèrent fermée et gardée par des gardes françaises. Les députés du tiers-état se réunirent au Jeu de paume avec le président, M. Bailly; là ils jurèrent de ne se séparer que lorsque la constitution de l'état serait achevée, et se constituèrent en assemblée nationale.

23 juin id. — Séance royale, et défense aux députés de continuer leurs séances. Le maître des cérémonies revint une seconde fois signifier l'ordre de sortir; le comte de Mirabeau lui adressa ces paroles:

« Allez dire à ceux qui vous ont envoyé
« que nous sommes ici par la volonté du
« peuple, et que nous n'en sortirons que
« par la puissance des baïonnettes. »

Lors du bruit de l'enlèvement du roi pour le conduire à Metz, le 6 octobre, une multitude d'hommes et de femmes dirigée par une faction de l'assemblée nationale, se porta à Versailles, ayant à sa tête quelques pièces de canon; le général La Fayette y arriva peu de temps après avec les divisions de la garde nationale : c'est dans ce court intervalle que plusieurs gardes du corps furent massacrés aux portes des appartemens de la reine, et leurs têtes portées au bout des piques. Le roi fut forcé de céder à cette multitude, pour venir fixer son séjour à Paris : toute la famille royale quitta Versailles au milieu de plus de cinquante mille individus de tout sexe, et arriva à six heures du soir à l'Hôtel-de-Ville de Paris, et de là aux Tuileries.

Jouy ou *Josas*, village à une lieue un quart de Versailles, sur la rivière de Bièvre. Ce village est devenu célèbre par sa manufacture de toiles peintes, établie en 1760 par M. Oberkampt, à qui on doit cette nouvelle colonie. Cette manufacture occupe ordinairement douze cents ouvriers.

Saint-Cyr, à trois quarts de lieue de Versailles. Vaste maison fondée en 1686, sous le titre de *Saint-Louis*, par madame de Maintenon, pour l'éducation de 300 filles nobles. Louis XIV venait y habiter quelquefois un pavillon isolé. Après sa mort, la fondatrice, sa maîtresse, s'y retira et y mourut en 1719. Cette maison a été occupée par un hospice militaire pendant le cours de la révolution; elle est actuellement destinée à l'instruction des officiers d'infanterie.

Malmaison (la), château à trois lieues de Paris, sur la route de Saint-Germain. C'était un fief du territoire de Ruel. Il appartenait à M. Lecouteulx, qui l'a vendu à madame de Beauharnais, devenue l'épouse de Buonaparte, ensuite impératrice Joséphine, qui en a fait un lieu enchanteur. Ses jardins sont ornés des arbustes et des plantes les plus rares. L'empereur de Russie, le roi de Prusse ont été rendre visite à Joséphine lors de leur séjour à Paris, avril et mai 1814. Elle est morte dans son château de la Malmaison, le 29 mai 1814, regrettée de tout le monde.

Marly, bourg à quatre lieues de Paris, route de Saint-Germain. Ce lieu est célèbre depuis la construction de son château par Louis XIV. C'est là qu'il fit un appel aux arts, vers 1680. Mais tout a disparu depuis la révolution. On admire toujours la machine dite de Marly, inventée par le Liégeois *Rennequin Salem*, machine qui fait monter les eaux de la Seine à cinq cents pieds au-dessus de la rivière.

Ruel, bourg à trois lieues un quart de Paris. Le cardinal de Richelieu y fit construire un superbe château. l'infortuné Marillac, maréchal de France, y fut condamné à mort par des commissaires vendus au cardinal. Le P. Joseph, capucin, étoit le confident et le ministre des vengeances secrètes du cardinal de Richelieu. Cet homme, si célèbre dans le crime, est mort à Ruel en 1682. On y voit de belles maisons de plaisance et de superbes casernes.

Les restes de Joséphine Tascher de la Pagerie, épouse du comte de Beauharnais, ensuite de Buonaparte, qui l'a fait sacrer impératrice des Français, sont déposés dans l'église de Ruel. On y voit une chapelle ardente. On fait exécuter à Paris un monument de marbre qui sera érigé sur sa sépulture.

Saint-Germain-en-Laye, jolie ville, située sur un coteau près de la Seine, à deux lieues et demie de Versailles, et quatre lieues de Paris. L'ancien château est l'un des plus beaux séjours qu'il y ait en France. Henri II, Charles IX et Louis XIV y naquirent. Jacques II, roi d'Angleterre, y mourut en 1701. Il n'existe peut-être pas en Europe une terrasse comme celle de Saint-Germain : elle a 1,200 toises de longueur et couverte de verdure. Le parc qui joint le château a 350 arpens. La forêt de Saint-Germain en a 5,550. Buonaparte a établi dans le château de Saint-Germain une école de cavalerie et des trompettes. A une demi-lieue, on voit la maison des Loges, occupée par un établissement destiné à l'éducation des filles des membres de la Légion d'honneur, et à peu de distance le beau château du maréchal Lannes, qui appartenait au comte d'Artois.

Écouen, bourg à quatre lieues un quart de Paris. Son château fut bâti, sur les dessins de Jean Brallant, pour Anne de Montmorency, connétable sous François Ier. La tour du château est environnée de quatre portiques ornés de colonnes corinthiennes. Ce château appartient au prince de Condé. Buonaparte en a fait une maison d'éducation pour des filles des membres de la Légion d'honneur.

Rambouillet, bourg sur la route de Chartres, à dix lieues de Paris. On y voit un superbe château royal, où est mort François Ier. Louis XVI en fit l'acquisition en 1776, de la maison de Penthièvre. Son parc renferme 2,600 arpens, et la forêt voisine est de 30 mille. On y admire une laiterie en marbre blanc, et le superbe troupeau de mérinos, qui a commencé en France la régénération des moutons.

Sceaux, gros bourg à une lieue un quart de Bourg-la-Reine, et à deux lieues de Paris. Ce lieu était célèbre par son château, que tout le monde admirait, et qui n'existe plus depuis la révolution. Il a appartenu au grand Colbert; ensuite différens princes de la famille royale en firent tour à tour l'acquisition; et le dernier propriétaire était le duc de Penthièvre, qui en avait fait présent à madame d'Orléans sa fille. Tous les ans, au mois de juillet, les élégantes vont à la fête de Sceaux, qui dure deux dimanches.

Alfort, château à deux lieues un quart de Paris et près de Charenton. On y voit une école vétérinaire établie en 1764 par le ministre des finances Bertin. Il y a une très-belle collection d'histoire naturelle.

Arcueil, charmant village à une demi-lieue de Paris, près la rivière de Bièvre ou des Gobelins. On y admire un aquéduc que Marie de Médicis fit construire vers le seizième siècle. Il y a de belles maisons de campagne. Le fameux *Jodelle*, poëte du seizième siècle, en avait une où il donnait de superbes fêtes à *Ronsard*. C'est là que furent jouées les premières tragédies composées en français.

Bicêtre, ancien château, sur une hauteur, à une lieue de Paris, bâti en 1400 pour Jean, duc de Berri, frère de Charles V. C'était l'un des plus beaux châteaux de plaisance qu'il y eût en France. Il a été détruit dans les troubles sous Charles VI. Louis XIII le fit rétablir et le destina à un hôpital pour les soldats invalides. C'est aujourd'hui une maison de force. On y reçoit aussi des vieillards, des fous et des imbécilles. Le puits de Bicêtre est curieux.

Montmorency, petite ville à trois lieues

de Paris, située sur une éminence qui lui procure un air salubre et une vue magnifique. On voit les restes de l'ancien château des ducs de Montmorency. Il y a de jolies maisons de plaisance. L'air pur qu'on y respire et l'ombrage épais des châtaigniers de la forêt voisine y attirent beaucoup d'étrangers, qui viennent en outre visiter l'Ermitage, maison située sur la pente d'une colline qui fut long-temps habitée par J. J. Rousseau, et où il composa sa Nouvelle Héloïse. Elle a été la retraite du célèbre Grétry, à qui l'on doit la musique d'un grand nombre d'opéras charmans.

Morfontaine, superbe château à huit lieues de Paris, appartenant à M. de Morfontaine. Il est devenu la propriété de Joseph Buonaparte, qui a employé plusieurs millions pour en faire un séjour enchanteur. Deux lieues plus loin est

Chantilly, bourg, séjour délicieux à dix lieues de Paris, qui appartient au prince de Condé. On a tout détruit pendant la révolution et vendu une partie du terrain du parc. Il ne reste plus que les superbes écuries du château.

Ermenonville, petit village à dix lieues de Paris et à deux de Senlis. Le château et la forêt appartiennent à la famille Girardin, dont le père, respectable philosophe, y avait donné asile à J. J. Rousseau, où il est mort le 2 juillet 1778. C'est dans l'île des Peupliers que reposaient ses cendres, et par un décret elles ont été transportées au Panthéon. La description d'Ermenonville ne peut se décrire ; il faut en faire le voyage : c'est une retraite de la pure philosophie, où la nature a tout prodigué. On trouve gravée sur un rocher cette vérité de tous les siècles : *Celui-là est véritablement libre qui n'a pas besoin de mettre le bras d'un autre au bout des siens pour faire sa volonté.*

Fresne, village à six lieues de Paris, route de Meaux. Le château appartient à M. d'Aguesseau, l'un des descendans de cette illustre famille. La chapelle du château, sur le dessin du Val-de-Grâce à Paris, est du célèbre Mansard : l'intérieur est décoré de peintures de Lebrun. C'est dans ce château que le chancelier d'Aguesseau cultivait ses jardins après sa retraite.

Fontainebleau, ville à quatorze lieues

sud-est de Paris. La forêt de Fontainebleau environne le château royal, où la cour faisait tous les ans des voyages de six semaines. Henri IV fit bâtir, à trois lieues de Fontainebleau, le château de Saint-Ange pour la belle Gabrielle d'Estrée, dont il était épris : il l'enleva à un de ses favoris nommé Bellegarde, du consentement même de Gabrielle, qui préféra le maître au valet. Buonaparte a fait de grands changemens et des embellissemens au château de Fontainebleau, où il a reçu Marie-Louise, fille de l'empereur d'Autriche, lors de son arrivée pour son mariage. C'est dans ce château où Buonaparte a tenu prisonnier pendant deux ans le pape Pie VII ; c'est encore dans ce château que Buonaparte a signé, le 11 avril 1814, son acte d'abdication à sa dignité *d'empereur des Français et de roi d'Italie*. Il avait encore avec lui 30,000 hommes de sa garde.

On a établi à Fontainebleau une école spéciale militaire.

Compiègne, ville à dix-huit lieues de Paris. Il y a un beau château royal, où tous les ans la cour y passait six semaines pour y jouir de la chasse dans l'immense forêt de Compiègne. Le gouvernement avait établi dans le château une école d'arts et métiers. Buonaparte a fait de grandes réparations dans ce château.

Montmartre, village sur une montagne voisine et au nord de Paris. Henri IV, assiégeant Paris, prit son quartier à Montmartre. L'abbesse le reçut très-bien. Les officiers de son armée prirent les mêmes sentimens pour les religieuses qui surent les leur inspirer. La dernière abbesse de Montmartre, madame Laval de Montmorenci, a été décapitée à Paris en 1793. Montmartre est encore célèbre par la belle défense des Français, le 30 mars 1814, contre l'armée des alliés.

Romainville, village à deux lieues de Paris, près les prés Saint-Gervais, situé sur une élévation d'où l'on jouit de la plus belle vue. Il y a un superbe château. Le bois de Romainville est souvent témoin de déclarations d'amour. Il est peu de bois aussi agréables. Il y a une source d'eau très-claire et très-limpide : le vulgaire l'appelle fontaine de *Mire*.....

Belleville, village à une lieue de Paris,

route de Pantin, situé sur un mont très-élevé. Son heureuse situation et sa proximité des charmans prés Saint-Gervais, y a fait construire un grand nombre de maisons de plaisance.

Le poëte Favart faisait sa résidence à Belleville. C'était le rendez-vous des enfans de Thalie et d'Euterpe.

Bondy, village près la forêt de ce nom, à deux lieues un quart de Paris. Ce village est connu depuis onze cents ans. Il a donné son nom à une belle forêt, que plusieurs événemens tragiques ont rendue célèbre. Childéric II, roi de France, y fut assassiné. Charles VI y allait souvent chasser. C'est à Bondy que le préfet et les douze maires de Paris ont porté, le 31 mars 1814, les clefs de la ville de Paris aux souverains alliés, l'empereur de Russie, le roi de Prusse, etc.

Le *château de Raincy*, qui appartenait au duc d'Orléans, est situé au milieu de la forêt de Bondy. Plusieurs nouveaux riches de la révolution en étaient devenus propriétaires.

Vincennes ou la Pissotte, bourg riche

en maisons de campagne, situé à trois quarts de lieue de Paris, barrière du Trône. Le château royal est sur la route du bois du même nom. Henri II, roi d'Angleterre, fit entourer Vincennes de murailles, détruisit le bâtiment que son prédécesseur y avait fait construire, et jeta les fondemens d'un château connu sous le nom de *donjon*. Saint Louis l'habita long-temps avec sa mère et son épouse. Depuis saint Louis jusqu'au règne de Louis XIV, il reçut de grands accroissemens. Sa forme actuelle est un parallélograme régulier, d'une grandeur considérable et entouré de larges fossés; autour sont neuf tours carrées fort élevées. La tour du donjon était l'habitation des rois, des reines et de leurs enfans. Louis XIII et Louis XIV y ont fait construire plusieurs bâtimens modernes d'une construction fort estimée. On admire la façade intérieure de la porte d'entrée du côté du parc. Cette face, bâtie en arc de triomphe, est composée de six colonnes doriques engagées et ornées de deux bas-reliefs de marbre et de figures antiques. A droite sont deux corps de bâtimens modernes, qui communiquent entre eux par deux galeries en portiques, couronnées de balustrades, etc. Le donjon,

Vue du Château de Vincennes.

Cour royale du Château de Vincennes.

considéré comme prison d'état, est une forteresse d'une hauteur considérable, dont l'aspect seul cause l'effroi. Il a été prison d'état depuis 1472 jusqu'en 1784. Buonaparte en a fait un lieu du despotisme le plus effroyable. Un génie infernal a dirigé l'architecte dans la construction de nombreux cachots, qui ont des murs de dix pieds d'épaisseur. Combien de victimes de sa tyrannie ont gémi dans cette prison! combien de fusillés nocturnément, dont le malheureux et intéressant duc d'Enghein a été du nombre! Il y a été assassiné le 24 mars 1804.

Charenton, gros bourg à deux lieues de Paris, sur la rive droite de la Marne. Le pont de Charenton est du dix-septième siècle. Il est célèbre par les combats qu'on y a livrés en différens temps. Henri IV l'enleva à la faction de la Ligue en 1590. Il y a un hôpital considérable où l'on traite avec succès les fous.

Saint-Denis, ville située près la Seine, à deux lieues de Paris, célèbre par une abbaye que Dagobert Ier fonda en 613, et qu'il enrichit des dépouilles des plus belles églises de France. C'est le premier roi qui y fut enterré. L'église était couverte en argent. Clovis II la fit découvrir, en 649, pour en donner l'argent aux pauvres.

L'abbaye de Saint-Denis a été depuis son origine le lieu de la sépulture des rois de France.

Le premier octobre 1789, le maire de Saint-Denis a été massacré par suite d'une insurrection, sous prétexte de la cherté du pain.

Le 12 octobre 1793 l'on a exhumé dans l'abbaye les corps des rois, des reines, des princes, des princesses, et des hommes célèbres qui y avaient été inhumés pendant quinze siècles, pour en extraire les plombs.

Un décret de Buonaparte, du 20 février 1806, dit : « L'église de Saint-Denis « est consacrée à la sépulture des empe- « reurs, » et nomma un chapitre de dix chanoines. L'on a beaucoup réparé l'église et les caveaux.

La ville de Saint-Denis fait beaucoup de commerce. Il y a des casernes, des manufactures de toiles peintes, une fonderie de bronze, une filature, etc. La foire de Saint-Denis dure huit jours. Il s'y fait un grand commerce de draps.

Fin de la description des environs de Paris.

www.ingramcontent.com/pod-product-compliance
Lightning Source LLC
Chambersburg PA
CBHW050752170426
43202CB00013B/2394